博观
耿裕华对话录

耿裕华　著

中国商务出版社
CHINA COMMERCE AND TRADE PRESS

图书在版编目（ＣＩＰ）数据

博观：耿裕华对话录 / 耿裕华著 . — 北京：中国
商务出版社 , 2018.9
ISBN 978-7-5103-2440-6

Ⅰ . ①博… Ⅱ . ①耿… Ⅲ . ①企业管理—通俗读物
Ⅳ . ① F272–49

中国版本图书馆 CIP 数据核字（2018）第 197276 号

博观：耿裕华对话录

BOGUAN: GENGYUHUA DUIHUALU

耿裕华　著

出　　　版：中国商务出版社
地　　　址：北京市东城区安定门外大街东后巷 28 号　邮编：100710
责任部门：商务与法律事业部（010-64245686）
责任编辑：陈红雷

总 发 行：中国商务出版社发行部 （010-64266193 64515150）
网　　　址：http://www.cctpress.com
邮　　　箱：cctpress1980@163.com
排　　　版：中尚图
印　　　刷：万卷书坊印刷（天津）有限公司
开　　　本：710 毫米 ×1000 毫米　1/16
印　　　张：16.5　　　　　　　　字　　数：205 千字
版　　　次：2018 年 9 月第 1 版　　印　　次：2018 年 9 月第 1 次印刷
书　　　号：ISBN 978-7-5103-2440-6
定　　　价：99.00 元

博观而约取 厚积而薄发

——苏轼

博观而约取 厚积而薄发

自　序

当了大半辈子的企业老总，难免会被各式人等问到五花八门的问题。人说"久病成医"，到了我这儿却成了"久问成才"。这个"才"不仅仅是"口才"，更是一份对自己的思辨能力和应急能力锤炼后难得的财富。在这一问一答之间，我也是经历了由"应付"到"思考"到"通悟"这么一个过程。

俗话说："雁过留声，人过留名。"我不在乎留名，但也不甘于大雁式的留声。总想将自己零零散散的答辩，变成实实在在的文字固定下来。这既是一种"敝帚自珍"式的梳理总结，也是期望能将自己的一些创业经验、人生感悟与同道中人分享。出一本书，便是架起了这样一座交流的桥梁。

书，对我来说是一种信仰，是一种崇拜，是一种敬畏。我喜爱读书，也许是因为青少年时代对于读书的渴望所打下的烙印太过深刻了，以致一旦有了读书的机会和条件，我便如饥似渴地投入其中。绳锯木断，水滴石穿，坚持长期读书学习，受益是明显的。可以毫不夸张地说，无论是健康的"三观"，还是正确的思维方式和高效的工作方法，除了社会实践的磨砺，也得益于先贤鸿儒的言传书教。

曾与朋友闲聊，说到自己最想进入的三种生活状态。一是能当一名老师，去传道授业解惑；二是能当一名律师，去捍卫公平正义；三是去当一名图书管理员，近水楼台，可以博览群书。当然这是后话，眼前能把握的倒是这个"著书立说"的机会。以世俗的眼光看，作为一个企业老总，本当在商言商，著书立说似乎有些离经叛道。对此我的看法是，企业奉公守法、追求利益最大化是"正经"，在念好这部

"正经"之余，能将自己在取经途中获得的精神理念上的善果反哺社会，引领行业，这是"正道"也是"大道"，也是我对"达不离道"更为深刻的一种理解。

出一本书较之于盖一幢楼，对我来说似乎要更艰难一些。因为出书，你必须备些独家的、思想上的、观念上的硬货。搜罗拼凑一些人云亦云的大路货，除了浪费纸张便是污人眼目，毫无意义。所幸我有一帮文化界、新闻界的朋友，能时常聚首，坐而论道，经常进行头脑风暴碰撞激荡，电光石火之后，终于积聚了出书的底气和路径，为这本书的问世铺就了厚积而薄发的坦途。

商儒耿裕华

作为南通四建的灵魂和掌握千亿资产的企业家，耿裕华有许多头衔，如中国建筑业协会副会长、多所大学客座教授、复旦 EMBA 同学会执行会长等，但我觉得最能反映他特质的称号是"商儒"。

裕华是 2003 年来复旦就读 EMBA 的，同他初步交流我就觉得他不是一个一般的企业家，他是一个有深度思想、独到见解、冷静豁达的儒商。

2004 年，我主持一项"长三角、珠三角民营企业家比较研究"项目，选取了两个地区各二十家企业，对企业掌门人做深度访谈。作为苏商代表，我也专门约了裕华的时间，赴南通对他进行访谈，本来说好访谈两小时，结果我们谈了近四小时，言犹未尽之余，我们又一边用餐一边交流了两个多小时。交谈中，我得知他刚过三十岁就接任南通四建总经理。后来，公司在政府要求下，他担起责任，设计与组织公司改制，建立股权分享、盈亏共担的机制，带领南通四建再创业，随后不断拓展市场、延伸产业。他的财富哲学，不是独占，而是团队共享、集体富裕；他的经营理念，不是越大越好，而是风险可控、质量为先；他的人生理念，不是穷奢极欲，而是平衡豁达，兼济天下。由于有了这次上至理念分享、思想碰撞，下至商业模式探讨、策略行动诠释的全景式交流，我从此一直关注裕华的事业发展轨迹及其背后的决策逻辑和基底思维。过去十五年来，我们的交流也越来越深入、广泛。

在复旦 EMBA 毕业后，裕华又参加了多所大学的高级研修项目。我感觉他渐渐从一个"儒商"转型为我所定义的"商儒"。裕华有料、有胆，深厚的学养、丰富的阅历、成功的事业，成就了他"有话说"的底气。语速快而不失沉稳，谈锋健而不失大气，平常话语里，时不时就会闪烁出睿智的光芒。他曾多次在不同场合表述了这样一个观点：中国 5000 年的文明积淀看什么？看建筑。很多关于文化的、历史的、民族的、民俗的种种印记，都可以从现存的建筑遗存中找到依据。建筑是人类智慧的结晶，是历史文化的印记，是人类面对大自然所表现出来的意识形态、价值观念和审美取向的外在物化。所以，哲人们总是把建筑称为无声的诗、立体的画、凝固的音乐。建筑是有生命、有气息、有感情的载体，可感可触、可亲可爱、可舞可蹈、可歌可泣，它与我们人类共存于一个统一体中，建筑因人类而存在，人类生活因建筑更美好。我对他的这个认知是极为赞赏的。2008 年，我筹建复旦大学管理学院新院区时，对参加全球竞标的国际建筑设计大师们的要求——"要让建筑自己说话"同裕华的理念是相契合的。

当然，裕华在生活中也是有情有义、有识有趣的人，他总是善于把极平常、极琐碎的事做到极致。他的同事告诉我，他能将一团面和得"三不沾"，并且擀出很筋道且久煮不烂的手擀面来。下厨，他能以买菜、烧菜、洗碗的全套示范，折服以讲究精细著称的上海丈母娘；下地，他能告诉庄稼老把式，播下的种子为什么不出苗的根由；收藏，他独到的眼光和"行话"能将专家、行家、学者、教授听得啧啧称赞。所以，中国建筑业最高奖"鲁班奖"总是不断光顾他也就不足为奇了，而市场上只要是南通四建承建的房子，总是特别的抢手，也就在情理之中了。

如今，裕华要出一本对话录，书名定为《博观——耿裕华对话录》，我有幸先读为快。全书共四部分，从企业到人才，从生活到感悟，说的全是身边事，讲的都是心里话。我觉得这本书应该说是找准了一个能全方位、多层次反映裕华鲜活思想的载体。相信每一位打开这本书的朋友，都能感受到一个商儒跳动的思想脉搏，见识一个志存高远、有情有义、聪明睿智的人，一位中国建筑业成就斐然的商业领袖。裕华那些不同寻常的思路、谋略、理念，总能让人茅塞顿开，受益匪浅。

我一直对复旦的 EMBA、MBA 同学说，你们应不止于做"儒商"，你们要去做"商儒"，"商"是你们的外衣、你们的职业身份，"儒"是你们的内心、是你们存在的意义。裕华即是我所定义的"商儒"典范。

是以为序。

陆雄文

教授，复旦大学管理学院院长

二〇一八年八月二十四日

目　录

第一部分 企业篇

从凝固到律动

从股份到股东

从传承到创新

从四建到达海

从凝固到律动

本节金句

在西藏的经历是终生难忘的，也是非常难得的一段人生经历，它历练出我精神上的坚韧，也使我得到了宝贵的收获：一是在技术上，学到了许多课本上学不到的知识；二是在生活上，学会了与人相处。从学校毕业后，真正意义上的成长和成熟是在西藏。我后来在一篇回忆文章中曾写道："西藏的经历，对我们来说是一笔财富。每当我们率领队伍转战全国时，无论多么艰难的工程，无论遇到多大的困难，我们总是以当年在世界屋脊上创造奇迹的顽强拼搏精神激励和鞭策自己：我们是南通铁军，无往而不胜！"

我一直认为，建筑不仅仅是遮风挡雨的场所，也不仅是横平竖直的外在形式，而是无声的诗、立体的画、凝固的音乐。说到底，建筑最终做的是文化。唯有恢复建筑的这种文化本质，才能成为经典传承下去。正是因为这样，我的团队，总是把每一项工程都作为艺术品来把玩，在中华大地上留下成百上千个建筑精品。

一般人认为建筑是一个苦、脏、累、险，没有什么技术含量的行业。其实这个行业是个梯度和跨度都很大，而且水很深的特种行业。它是时代之集大成者，不仅仅是新材料、新机械、新技术、新工艺的集成，它还是文化、文明的集成。你必须在这个行当里浸润良久才体会得到。

问：据说您事业的起点很高：一是施工地点高——世界屋脊拉萨；二是捧回的奖杯含金量高——鲁班奖。能说说这里的故事吗？

答：那是 1984 年，我担任县建工局技术股副股长不久，一个周末的下午，时任县建工局局长的徐孝先突然找我谈话，通知我参加江苏省赴藏建设考察团，行期一个月左右。当时我并没有任何思想准备，因为听说人选早已内定。我说为什么要我去啊？他说他们几个身体都不行，有的血压高，有的心脏不好，我是刚刚上任的技术股长，24 岁的小伙子，身体肯定没问题。我想组织上点了我的将，这一去，肩上的担子绝不是一般的沉重，可能会有更严峻的考验在等待我呢！我对徐局说："我想在行前回家看一下老妈。"可徐局说："你跟我考察差不多就一个月时间，明天到建工局图书馆，准备一些资料，我们带着资料去。"

没办法，我年轻嘛，那些规程、规范、施工技术方面的书只能是我准备了，所以礼拜天我也没能回家。我房间里有位老同志叫洪祖荣，常为县广播站写稿。当时他就写了个报道，说江苏省援藏考察团一行九人要赴藏考察。我记得那天是清明节，4 月 5 日晚上我哥从广播里听到了这个消息，"我弟弟去西藏？没听说过啊！"于是第二天早上，他就骑着车来看我。也是赶巧，我们要带一万块现金，那时一万块是很大的数目，一人带太多怕不安全，就分着带，分给我 2000 块钱，那时我一个月的工资才 50 块钱。2000 块是一大笔钱，自然要一张一张地数，一耽误就晚了一会儿，我刚登上面包车，我哥正好就到了车门口，我就跟他说了一句话："我去西藏了，估计要一个月，向妈问好！"老哥就在车门口跟我说了一句话："知道了，你就放心工作吧。"我就这么仓促地到西藏去了。

背景链接

　　这次援藏建设的大背景是 1984 年 3 月，党中央、国务院为了加快西藏的经济建设和社会发展，加强民族团结，决定在西藏地区援建 43 项工程，并要求这些工程要在西藏自治区成立 20 周年时投入使用。这既是西藏人民的福音，也是为实现敬爱的周总理把西藏"建设成为人间的天堂"的遗愿而付诸的行动。就这样，江苏、浙江、安徽、天津等 9 个省市集结的 10000 多名能工巧匠组成一支建筑大军奉命开赴西藏。

问： 人们都知道，援藏是个苦差事。当您真正到了西藏拉萨，碰到的那些"苦"，是不是出乎您的意料?

答： 我很荣幸成为第一批进藏的员工。原定计划是考察一个月后，即可返回内地，后因为工作需要，我被直接留了下来，并在西藏连续工作了 18 个月。这 18 个月是我一生中最刻骨铭心的，也是让我快速成长、成熟的 18 个月。虽然有吃苦的心理准备，但当时的工作、居住、生活条件，不是用一个"差"字能概括的，可以说，什么条件都没有。

　　拉萨位于海拔 3700 多米的青藏高原，气压才 600 毫巴，空气稀薄，缺氧量是内地的 130% 以上。到了冬天，员工缺氧的人数几乎超过一半，严重的高原反应像恶魔一样折磨得人头疼、气短、恶心、呕吐、四肢乏力……生存条件恶劣到近乎严酷。

　　我仗着年轻力壮，开始似乎还能扛住。可没几天，老天就给了我个"下马威"。那天一位藏族朋友热情地邀请我打羽毛球，一向喜欢运动的我一口答应。谁知才打了两个来回，我便脸色苍白、大汗淋漓、严重虚脱。被急送医院抢救后，医生警告我以后绝对不能如此运动，否则后果不堪设想。

我去的时候只是我们县建工局的技术股副股长，没有其他任何职务。但是到了西藏后，我一下子成了工程指挥部的副主任，后来又兼任整个援藏指挥部的技术负责人，就是五个项目的总技术负责人。从前期的材料准备，到图纸准备，到施工设备的准备，再到施工人员的配备，全都要我一手承办。几乎要天天边计划边做，前三个月每天基本上睡不了几个小时。

拉萨饭店工程投资多、要求高、难度大，是 43 项工程中的一号重点。工程由南、北、中客房、餐厅等 22 个单位工程组成，总面积近 40 000 平方米，总投资 8000 余万元。为了保证在西藏自治区成立 20 周年前建成并交付使用，指挥部给拉萨饭店工程划了三道"红线"：一、7 月 1 日开工，8 月 1 日前完成基础施工；二、11 月结构封顶；三、次年 7 月底竣工。实际施工期不足 300 天，任务之艰巨可想而知。

工欲善其事，必先利其器。可在拉萨想买一把铁锹都很困难。为此，指挥部先后在上海、无锡、南京、成都和西宁等地建立了材料采购站。为了不耽误工期，每次采购前，我都要将计划编制得非常准确、精细、严密，否则，一个小小的失误，都会贻误工期。

1984 年 7 月 1 日，在隆重的鼓乐声、鞭炮声、口号声中，拉萨饭店工程拉开了帷幕。

工程是开工了，但困难却一个接一个。地质勘探资料表明，拉萨饭店地下是古拉萨河河床，埋着坚硬密实的砂卵石。铁锹使不上劲儿，工人们就用铁镐，一镐砸下去，石屑飞溅，火星点点，手的虎口都被震裂了。但进度摆在面前，工人们不能有丝毫懈怠，一镐比一镐举得更高，砸得更重，顽固的砂卵石层终于松动了。工人们就用双手扒，10 个指头磨破了，渗出了血，就缠上纱布继续扒、捡。血染着卵石，染着沙粒，染着基槽。

好不容易成型的基槽，却被 7 月 3 日晚上的一场大雨冲塌陷了。面对此情，我们指挥部的几位领导义无反顾，卷起裤腿，跳入基槽。工人们也一个个跟着跳入基槽，清除塌方。只见铁锹挥舞，沙粒、卵石、砂浆飞出基槽，越堆越高。

连续阴雨，基槽里积满了浑浊的水，二十几台水泵日夜排水也未能制服它。指挥部决定买来拉萨市所有的 4 英寸水泵投入排水。工地上，一时间马达声与铁桶、脸盆、茶杯、饭碗戽水的碰撞声以及流水声交织在一起，犹如一曲交响乐。一项庞大而艰难的工程，就这样在血汗交织的拼搏中，浩浩荡荡地进行着。

至今记得，那是一片炙热的工地。它充满着热情，充满着兴奋，同时也充满着紧张的气氛，我们每一天都是在充满艰辛的汗水中度过的。最后，工人们的血没有白流，汗没有白淌——挖土 2 万方，排水 45 万方，浇注毛石混凝土 2300 方，浇注钢筋混凝土 1800 方，回填土 1.5 万方，提前 13 天完成基础工程！我笑了，工人们也舒心地笑了。

问：施工中难题不断是肯定的，这其中被您化解的印象最深的是哪次？

答：记得西餐厅 24 米跨梯形钢屋架吊装时，现场的一台塔吊根本无法将屋架全部安装到位，我和现场的技术人员研究论证了多种方案，最后决定，先是用塔吊将屋架在一侧就位后，连成稳定整体，再用人工水平滑移方法慢慢地将钢屋架位移就位，一举解决了没有吊装设备安装钢屋架的难题。当时，《西藏日报》在显著位置作了专题报道，誉之为"雪域高原建设的奇迹"！

当时大家只有一个信念，尽快抢下北楼进度，为整个饭店主体工程争得主动权。工程进度一层比一层快。苦战了整整52个昼夜！北楼比原计划提前68天封顶。当搅拌机吐出最后一车混凝土，振动机停止最后一声欢唱时，不少工人疲惫地躺在地上就呼呼睡着了。是的，他们确实太累、太困了，睡着的他们似乎都在做着同一个梦——工程尽快竣工。

面对工人们的热情和干劲，我由衷地感到，建设速度是一方面，质量更为重要。高速不忘优质，工程质量在"铁军"心目中是生命。所以我及时要求并时时提醒工友们，在拉萨饭店工地，强烈的质量意识、严密的质保体系、严格的质管制度，要始终贯穿于施工的全工程。我始终认为，质量才是最根本的，质量优才能做到队伍优。

工人们把拉萨饭店的质量标准定在省级样板工程的标尺上（那时国家尚未设置"鲁班奖"），自觉地把好工程质量关。饭店门厅有4根藏式柱子，涂抹油漆后，颜色偏深。工人们连夜把柱子拆下，重新刨光、安装、漆油，保持大厅的色彩和谐。

另外，好多援藏工程都是亏本的，但我们却是赢利的。这不能不提到我们在运输成本上的精打细算。西藏当时运输的主要通道是川藏公路和青藏公路，其危险系数之大，很多人都不知道。一般建材用卡车运过去的话，颠得厉害，包装又不好，损坏率很高，这就无疑增加了成本。经过研究，我们出人意料地包了一架运输飞机，所有贵重的材料都是通过飞机运过去的。别人看起来好像用飞机运输要贵，但用飞机运输，货损少，速度快，综合成本并不高，为我们省了不少的钱。我们的工人也是从上海直接包飞机过去，省了不少时间。由于工人上得及时，即使在施工高峰期，有高原反应，工作压力大，减员达到50%，我们也有足够的工人上阵。

我们的"铁军"正是凭着高度的责任和创新的智慧，创造了高原上的"深圳速度"，也创造了高原上的一流质量。

翻开记录，拉萨饭店31米高的北楼，轴线垂直偏差仅8毫米（国家规范允许偏差20毫米）；15600平方米的瓷砖贴面横平竖直，光滑平整，洁净如镜，测点7560个，合格率99%；拉萨饭店共测点52000余个，合格率高达99.7%。而且，拉萨饭店仅施工了273天，提前了半个月竣工。

落成还未掀起红盖头的拉萨饭店，融江南园林风光与西藏民族特色于一体，设计新颖，造型优美。一幅幅璀璨的壁画，一尊尊精致的雕塑，一套套雅致的家具，一件件玲珑的器皿，一行行松柏，一盆盆花卉，一片片草坪，展现了南通市当时的工艺和园林水平，为拉萨饭店锦上添花，使拉萨饭店显得雍容华贵、精致典雅。

1985年8月12日下午，古城拉萨欢腾了！4点40分，鞭炮阵阵，鼓乐声声，拉萨饭店落成典礼隆重举行。时任全国人大常委会副委员长阿沛·阿旺晋美、西藏自治区党委第一书记伍精华亲自剪彩。时任西藏自治区人民政府副主席的多吉才让，在饭店落成典礼上，即席朗诵了一副对联："众口皆碑，七日层楼，高原奇迹；匠心独运，一流水平，古城瞩目。"

背景链接

　　拉萨饭店位于拉萨市川藏路与民族路相交处，毗邻古朴庄严的布达拉宫，占地 5.7 万平方米，建筑面积 3.9 万多平方米，拥有客房 500 多间，1100 多个床位，室内配有空调、供氧、音响、召唤、电话、闭路电视、锅炉供热以及消防报警、电梯等现代化设备，是一座现代化的高级宾馆。其工程和施工难度均居全国省市援藏的 43 项工程之首。

问：拉萨饭店终于落成，它还有后话吗？

答：态度决定一切，细节决定成败。四星级饭店"五星级"施工，让拉萨饭店成了高原上的一颗"建筑明珠"，这颗璀璨的明珠在三年后勇夺"鲁班奖"。这是江苏省第一个"鲁班奖"，是江苏全省人民的光荣和骄傲，也是我和同志们兢兢业业的辛苦付出，严谨周密的技术指导，一丝不苟的质量把关，在血与汗的交织中建设出来的艺术瑰宝！

问：荣誉是用汗水和泪水换来的，这期间，有您觉得憋屈的事儿吗？

答：我是最早进藏却是最后离开雪域高原的。技术负责人这个"官儿"不好当。这是一个责任重大，只能干好不能干差的工程，但凭着年轻人的血性，凭着自己所学的专业知识，我还是信心满满地接受了任务。

工作上艰苦，生活上辛苦自不待言，最令我心累的是少数年长的同行，对我这个年轻位高的同事总是抱着或怀疑或冷嘲的态度，有的甚至还背后下绊子。说实话，在当时的环境里，年轻人的处境有点难。你想干点事吧，说你目中无人，狂得很。你不干事情吧，又说你万事无用，窝囊废。如果你工作中稍出差错，则一棒打死。这些内耗牵扯了我不少精力，有时无助得让人欲哭无泪，但是倔强好胜的性格，还是让如履薄冰的我坚持下来并取得了成功。我进藏时体重是150斤，回南通时，身高一米八的大个子瘦成了112斤，连母亲都不认识我了。

最苦的不是熬夜画图纸做计划，苦的是自己辛辛苦苦编写的计划、写的很多方案，有的老同志早上起来瞄一眼就说："小耿啊，这个地方如果设备坏了怎么办呢？那个地方的材料买不到怎么办呢？还有那个什么人员出了事什么的……"他老是跟你提问题，但他从不给你解决问题。我通宵不睡觉写的东西，就被他们无数的"问题"给淹了。记得有一个监工，是同行中唯一的一个工程师，晚上他睡足了觉，一早就指手画脚地问我许多"如果"。气得我实在忍不住了，随口就顶上了，我说："什么事情都会发生！如果监工你死了怎么办？工程还干不干？"那时一是年轻气盛，二是确实累得吃不消了。再说那时候工资是按级别来拿的，工作量是别人的几倍，工资比别人低很多，委屈又没地方去说，"嘭"的一下火就出来了。后来想想，也确实不应该。

说到报酬，那时除了50多元的基本工资，到西藏是有补助的，一个月也有200多块钱，另外还有奖金，算很高的了。但是大家都不想要这个钱，想往回跑，在那个环境里真的无奈。人的无奈，我太有体会了，叫天天不应，叫地地不灵，你跟谁说去，大家都是火药桶。你批评他，他不舒服，他批评你，你也不舒服。本来工作压力就大，还有恶劣的自然环境，弄得人真的要崩溃。

开工后因为技术人手不够，省里、市里一下子派来十多个工程师。一开始他们看不起我。因为我才24岁，年少位高，他们不服。他们都在社会上工作了多年，一个个社会经验都比我足。那时候，人员是以我们南通为主，其他人都是借过来的，这些人刚来的时候，真的没少制造麻烦。过了年之后，我想，不能老这么耗着影响工作。于是我就想办法，因为我有分配奖金的签字权，于是就根据他们工作上出现的差异，让稍微好点的人奖金抬高点。后来他们发现好好跟我配合，认真做事就能多拿钱，而且发现我确实没有私心，技术上还有两把刷子，渐渐地也都服了。这是我第一次学会玩点学校没教的"招数"。从那以后，我才真正全身心投入到工程上，再不用花在人为内耗上。

我右手两个指头就是在拉萨被打掉的，里面的肉和指甲都被打掉了。那是人家修市政工程的时候，把我们的窨井给堵掉了，整个工程下水道水出不去了，下雨后往上漫水。我那个急啊，就找人撬了几个窨井盖查看。一个技术员撬开一个井盖，我急着用手去拿窨井盖，刚伸手去拿它就掉下去了，把两个手指甲全部夹掉，肉也坏掉了。医生也害怕，说要是感染就不得了了。医生弄了个药水瓶，放了些青霉素什么的，把两个手指包扎后泡药水瓶里面，一放就放了半个月。这半个月还歇不下来，手上挂个瓶子奔东忙西。在这个技术负责人的位置上，又是局里刚刚提的技术股长，我没有什么理由歇！当然，能将这些血肉变成拉萨饭店的一砖一瓦，我无怨无悔。能将这些血肉变成我工作和人生经验的

"第一桶金"，那更是我的造化。

时任江苏省副省长张绪武去西藏慰问援藏工人，他讲了三句话就无法讲下去了。第一句话是："同志们辛苦了。"第二句是，"我代表江苏省委、省政府来慰问大家。"第三句是，"你们太辛苦了……"话音未落，声音已经哽咽。他懂我们，一切的劳累和怨宥烟消云散。

在西藏的那段经历对我而言是终生难忘的，也是非常难得的一段人生经历，它历练出我精神上的坚韧，也使我得到了宝贵的收获：一是在技术上，学到了许多课本上学不到的知识；二是在生活上，学会了与人相处。自己从学校毕业后，真正意义上的成长和成熟是在西藏。我后来在一篇回忆文章中曾写道："西藏的经历，对我们来说是一笔财富，每当我们率领队伍转战全国时，无论是多么艰难的工程，无论遇到多大的困难，我们总是以当年在"世界屋脊"上创造奇迹的顽强拼搏精神，激励和鞭策自己：我们是南通铁军，无往而不胜！"

问：德国大文豪歌德在看到法国史特拉斯堡大教堂时，曾发出"建筑是凝固的音乐"的赞叹。听说您对建筑也有很诗化的评价？

答：我一直认为，建筑物不仅仅是遮风避雨的处所，不是横平竖直的外在形式，建筑是无声的诗，立体的画，说到底，建筑最终做的是文化。唯有让建筑成为一种文化符号，才能成为经典，才有可能保存下来，让见者感到美，让住者有艺术的享受。正是因为这样，我的团队，总是把每一项工程都作为艺术品来创造，在中华大地上留下成百上千个建筑精品。

中国五千年的历史文化看什么？五千年遗留的建筑不能不看。它与文字、儒、释、道等元素，一同构建起中国文化的大厦。而改革开放四十年来的建筑成果，也必将是五千年文化长河中最值得一看的浪花。南通四建集团有幸亲历了中国建筑史这亘古未有的发展历程，我们将永远感谢时代赋予的黄金机遇，用我们的辛勤和汗水，用我们的聪明和才智书写蓝天下新的辉煌，我们将无愧于这个伟大的时代。

如果你有机会再看一看上海新世界大厦螺旋形自动电梯、上海浦东紫金山大厦、中国第一高楼金茂大厦、东方明珠电视塔、上海华敏世纪广场，你一定会被这些建筑所折射出的艺术魅力所倾倒，所感染。这与我内心总是认为自己离艺术家更近些，而离工程师更远些的情愫相符。建筑本来就是文化的积淀、艺术的享受，就应该做成这样。

问： 您在建筑业摸爬滚打了几十年，对建筑的认识和理解，可能与一般人有所不同，您有过怎样的心路历程？

答： 一开始我们刚从学校出来，虽然学的是建筑专业，但对建筑这个认识是不够的。当时社会上对建筑企业，和从事建筑的工人，都是低看一眼的。很多人都将"泥瓦匠""农民工""苦脏累险"等符号与建筑业贴在一起。我刚刚进入这个角色的时候，哪怕就是在公共汽车上戴个安全帽或者拎个建筑标志什么的，都有些不好意思，怕人家看不起自己。20 世纪 80 年代，在南京、上海这些大城市施工，明显能感觉到别人不屑的眼神：哦，农民工！哪怕你是项目经理也不叫经理，就叫你农民工头头。

一般人都认为建筑是一个苦、脏、累、险，又没有什么技术含量的行业。其实，真正进入这个角色之后，你才知道建筑行业是个梯度和跨度都很大，而且水很深的特种行业。你要入门很简单，开个建筑公司很容易，你找三五十个建筑工人，就是建筑公司，但你想把建筑公司搞好，对不起，还真的是无止境。100层以上超高层的建筑，很多跨江大桥、跨海隧道、公路铁路的隧道的建设，真的不容易，不光是苦的问题。它融合了许许多多新技术、新材料、新工艺，所以我说建筑是时代的集大成者。你必须在这个行当里浸润良久才体会得到。

当年在拉萨，第一年去时，我们要建的拉萨饭店工地还是一片荒石滩，经过我们200多天的努力，一个完全现代化的宾馆已然矗立在蓝天白云下。看着自己和工友们用血汗堆砌起来的庞然大物，我们激动得很，觉得我们就像神奇的魔术师，不停地在拉萨饭店前面、后面拍照片。那年9月1日，自治区的领导、中央的领导都来参加拉萨饭店的开业庆典。那个场面，自己也由衷地感到很了不起，很自豪。当领导走进饭店内部，更是被眼前的高档配套设施惊呆了。西藏人喜欢用金碗银碗，餐厅里配的都是金碗银碗，非常漂亮。我们南通一个艺术馆赠送的大幅织锦画，让整个装修显得富丽堂皇，艺术范儿十足。你还能说建筑工人不伟大吗？

其实当时我们大部分的工人已回家了，参加庆典的就是我们指挥部的人，工人已经很少了。他们虽然没有出席这个现场，但辉煌屹立的拉萨饭店会永远记住他们的功绩。

这时我们再看看布达拉宫，才真正领悟什么是建筑，以及这些建筑饱含了多少能工巧匠的创造和心血，不由得让人肃然起敬。

再说个当时的一件建筑趣事。工程设计中有个藏式的亭子，顶上是铜瓦，上面有个莲花座。这些都是典型的藏式佛教风格，我们做不了，请喇嘛做，他们说至少两年，要不然做不起来。后来指挥部把任务交给我："小耿，你去办，这个事情一个月之内必须盖起来。"作为工程的技术负责人，我无路可退，自己爬到类似的亭子上去看，拍照片。想来想去，这个藏式的亭子，无非是藏式造型而已，有藏式的文化符号在里面，我只要把握住这些"符号"，就完全没有必要完全按照西藏的工艺方法去做，一下子就把思路打开了。上面所有的铜瓦都不做，我就把那整个亭子顶全部用铜板焊接起来，焊成一个整屋面，屋面是平的，一抛光，然后用金粉一上，非常漂亮。上面一棱一棱的瓦，再弄个铜条，重新再做一个瓦的造型，将屋面上再反扣一块瓦，其实下面把它焊平了，还不容易漏水，上面完全是个装饰造型。这样一棱一棱地扣上去就快了，三天就解决了问题。难的是上面的那个莲花座，虽然有照片但没人做过，怎么办呢？也是如法炮制，选块圆木头，做它的 1:1 的大样，再在木头造型上面包铜皮。还有那一个瓣一个瓣的莲花瓣，也是用木头刻好后用铜皮包起来，再敲进去组装成型。这样我们只用了一个月就解决了问题，看上去完全跟藏亭一样。

只要真正用心做建筑，你就会渐渐理解建筑本身的内涵，做事就很容易了。在这样的体会当中，我对建筑的认识就慢慢不一样了，后来更感觉到建筑真是一门艺术。

建筑可以说是伴随着整个人类社会发展的全过程。随着社会的发展，人们对建筑的认识大大提高，建筑的要求也越来高，不再停留在解决遮风避雨的层面上。于是，在古代出现了宅院、庄园、府邸和宫殿，甚至亡者死后的陵墓以及"神"的庙宇等，越来越追求完美，追求时尚，直到现代各种建筑越来越趋向美观。

随着绿色建筑的概念在中国日渐升温，各级政府和开发商对于绿色建筑的热情也与日俱增。但是，由于个别决策者对绿色建筑的认识和理解出现了误差，偏离了正轨道，成了急功近利甚至于成为营销、宣传的招牌，使得有些项目表面冠冕堂皇，实际上并不节能甚至导致严重耗能。

我在成都参加一个绿色建筑论坛时，讲了一个道理，其实建筑是人们在几千年的劳动生活中提炼出来的东西，它也是饱含着艺术灵感的，也是跟人的生活密切相关的一门艺术。我们国家比较大，各地的建筑风格也是各有特色。这些风格的形成，是跟历史的沿革、气候、生活习惯密切相关的。我们国家南方有很多吊脚楼，别看它很简单却非常科学。南方水多虫多，气温高、湿度大，所以房子要架空，人们爬楼梯上去，上面铺一层架子是人的生活区，防虫除湿很惬意。屋顶是个草顶，草顶上面很平缓，因为南方风大，房顶如果坡度大负压会很大，风吹房子，不是迎风面坏而是背面坏，就是这个道理。那么北方怎么建房呢？北方一般用干打垒，上面的房顶尖尖的，像俄罗斯建筑，我们说这是俄式建筑，其实不是俄式建筑，叫冷带建房的建筑，那个地方寒冷天气居多，取暖的话，土坯的房子是最隔热保温的，用两层板中间填注泥土做成干打垒的墙，冬暖夏凉。那么顶为什么很尖呢？因为北方下雪多，如果房顶平的话，雪不断地下，就容易压塌，而尖顶，下再大的雪也积不住，也不容易被压塌。再比如西部，陕西的窑洞。窑洞真的是冬暖夏凉，打仗的时候还能防空，西部人住窑洞，才是真正的环保，是真正的绿色建筑。所以一个地方的建筑有它特有的文化，是自然环境造就的。

建筑就是与你生活、工作息息相关，能引你思考的一门艺术。

有一次凤凰卫视采访我，问我："耿总，你南通的建筑为什么这么好看？你们南通建筑业为什么发展得这么好？"我说任何东西都有它的根基和文化。

首先南通这个地方是个移民的地区，以海门启东通州一块移民为最。南通能找到语系的方言就有 17 种，往往隔一条马路或者隔一条小河道，语音、语调就不一样。不同地方的人，来自不同的地方，有不同的生活习惯、居住习惯、劳动习惯，交融在一起，就能产生一种新的文化。比如，他家盖的房子屋脊两头是翘着的，我家盖的房子两头是抹下去的；这家中间有正门有后门，那一家就没有。为什么？祖先的留传就不一样。小时候父亲领着我们兄弟几个一起盖房子，家里木工活都是自己干的，因为找别人不一定会。这些习惯致使我们这的工匠一开始无所适从，没办法互相帮忙盖房子，于是就逼着工匠们互相学习，互相借鉴，一种新的风格的房子就在不经意间盖成了。另外还有生活习惯、劳动习惯的多样性。农具，你家的犁是这么做的，我家的犁那么做的。家具，各家的床、柜子，格式都不同，每个人家都有自己的特点。人说见多识广，这些见识也造就了我们南通男儿的心灵手巧，做什么像什么。你像我小时候会编篮子、做畚箕，打个芦苇帐、凳子……我都会的。小时候天一下雨，老爸就会教我们兄弟编畚箕或用芦苇做个拜垫，而且我们那里家家户户都有这种特殊的"家教"，小孩从小就在这种环境里接受着各种技艺的熏陶。

20 世纪 50 年代，全国学南通建筑业。北京的十大建筑都有南通工人的身影，为什么？大家有个好的基础，好的手艺。而且一个带一个从事建筑业的人很多，这就为南通产生优秀的建筑工人打下了基础，这是别的地方没办法比的。这就像中国的乒乓球，别人为什么打不过我们？因为我们打乒乓球的人多，而且从小就打。我们的足球为什么老踢不过人家，除了体格上的差异，从事踢球的人少也是一个重要因素。

其次，南通人对建筑的理解，甚至我们江苏人对建筑的理解就和人家不同，也很讲究。西南地区的人做吊脚楼，很原始，不像我们砌个墙都要粉得光光的。北方人只要是防冷保暖就行。西部就更是了，挖个窑洞就可以住。只有我们苏浙这一带，一年四季分明，有风、有雨、有雪，房子要防风、挡雨、防雪，还要防冷，这对整个房屋结构要求很高，不讲究不行。所以南通的建筑业为什么这么多年长久不衰？一是他的文化构成的，第二是地理环境的文化构成的，第三个还有个性化优势。改革开放之初，我们南通就出现了建筑民兵连、建筑民兵团、建筑民兵师。哪个地方要盖房子，农村抽 50 个人、100 个人去了，一年拿 2000 块钱回来。我们有大量的劳动力可以组织，你到别的地方组织不到。我们援藏的时候，别的省去的都是省公司，唯独我们南通是县公司，结果县公司搞得比省公司还好。

无论从哪方面去理解，从文化的理解，从南通的基础去理解，从南通从事建筑时间长本身来理解，建筑确实是一门了不起的艺术。吃穿住行本身就是生活的艺术，是一个和时代密切相结合的艺术。

一直讲建筑是时代集大成者。它不仅仅是新材料、新机械、新技术、新工艺的集成，它还是文化、文明的集成。南京的明城墙不仅非常漂亮，而且很坚固。为什么？城墙上每一块砖上都有名字，谁烧制的，谁砌上去的，都清晰可见，从烧制开始，到砌墙砌上去都能追责。这就是工程管理，那都是几百年前的事，现在的管理还在学这个东西，分工明确，责任到人，终身负责制，不就是这些东西吗？

建筑还是传承文明的载体。像赵州桥、故宫、天坛，这些都是我们中华文明的传承，这是中国的历史，你可以由这些建筑了解那个时候人们是怎么生活的，怎么工作的。北京的天坛，原是明清两代皇帝每年祭天和祈祷五谷丰收的地方。天坛以严谨的建筑布局、奇特的建筑构造和瑰丽的建筑装饰著称于世，分为内坛和外坛。主要建筑物在内坛，南有圜丘坛、皇穹宇，北有祈年殿、皇乾殿，由一条贯通南北的甬道——丹陛桥，把这两组建筑连接起来。外坛古柏苍郁，环绕着内坛，使主要建筑群显得更加庄严宏伟。坛内还有巧妙运用声学原理建造的回音壁、三音石、对话石等，充分显示出古代中国建筑工艺的发达水平，也向全世界无声地证明着我国厚重精深的历史文明。

人们对建筑的认识也是循序渐进的。如今，建筑的美学性、功能性、文化性、历史性、环境可持续性等已得到越来越广泛的重视。作为建筑师，就需要在建造自己的作品时加强建立自己的建筑美学体系，并且能够通过赏析在更大范围内向受众普及。我有一段话是挂在我们公司会议室的，"建筑是人与大地、人与自然、人与文化的对话方式，天地是自然宇宙，建筑是人工宇宙，四建人用建筑品味人生，书写辉煌"，这也是我从业多年对建筑的认识。

问： 都说南通建筑是一支敢打硬仗的铁军，"铁军精神"在圈内外都很有名。树有根，水有源，如果要追溯"铁军"精神的根源的话，您认为从何入手？

答： 我认为，南通铁军文化是根植在南通老百姓身上的民俗文化，或者叫地域文化、传统文化。南通是个移民地区，开埠才几百年，祖辈是从南方、北方、西部……迁移过来的"大杂烩"。回想我的父母那一代，他们走一圈会发现，东南西北各处的语言和习惯都不一样。比如建房子、做家具和农用工具各有特点。我祖籍福建，来南通到我已是第四代了。我父亲是教师，是个读书人，但他会做农具、家具，为什么？因为福建老家有一种自给自足的习俗。在老家，男人都要会做这些，从小就要接受祖传的手艺。

所以，20 世纪二三十年代南通出现孙支夏、陶桂林这样著名的建筑大师不是偶然的，南通有这样的民间基础。同时，南通的建筑文化很优秀，祖传的手艺都是经过历代能工巧匠总结、提炼出来的。建房子有特点、很精致、质量好。南通一带的人盖房子很讲究，要考虑采光、通风、防潮，又要防冻。所以它的建筑结构、风格和东西南北都不一样。我们从小看到的就是青砖、白缝、黑瓦加画梁雕栋的房子，这是我们从小耳濡目染形成的对房子的认知。它的功能与当地的地理气候融为一体，注重对美的挖掘和提升。所以，这里工人的手艺都比较实用且精细，这也正是南通建筑业发达的文化基础和历史渊源，是它的地域文化特征之一。

铁军精神和"外来移民"很有关系。外来移民均有一种自我保护意识，从小受的是听话、谦让、不要惹是生非的教育，直到现在仍然普遍存在。我们的工人手艺好、能吃苦，还听话、守纪律，形象好，除了文化基础好、手艺好，还缘于他们从小遵循的儒家道德传统。根植于地域的文化传统和良好的区域环境影响，加上政府的引导和企业的管理，再按照改革开放的思想行事——我觉得从这样几个方面理解铁军精神理应更全面一点。它的根来源于优秀的传统习俗和地域文化，这是他们长盛不衰的基础。企业管得好更好，管得不好也能生存。我们以前的乡镇企业，很多经理都是大队支部书记，照样能把企业管好。关键不是他管得好，而是工人自己做得好。我们现在队伍的素质提高了，进来许多大学生、硕士生、博士生，在同行里算是佼佼者，如果企业管理再提高一步，我们和国外先进的企业相比也毫不逊色。

问： 前些时候央视热播了一个《大国工匠》的节目，很让国人提气。说说您对"工匠精神"的看法？

答： "工匠精神"这几年回到了社会公众的视野中，但是以前为什么我们的"工匠精神"讲得少？这是由短缺经济造成的，当时很多东西都短缺，只要有就行。一旦等到物质相对丰富的时候，就开始比品质。设计功能怎么样？质量怎么样？使用起来是不是方便？有了比较就开始慢慢追求，有了追求，产品就开始有竞争，所有从事这个行业的人们也会不断地追求。工匠精神是随着时代发展、社会经济发展、人民生活水平的提高而不断提高的，不是一蹴而就的。

其实我国工匠精神源远流长。在数千年历史中，出现过鲁班这样的大师级工匠，他的发明创造很多，小到曲尺、墨斗，大到飞鸟、木马、木人。这些发明为提高劳动效率、工艺水平，以及国家战事做出了杰出贡献。

什么是工匠精神？我认为工匠精神赋予产品、作品新的材质和新的工艺，归根到底是一种创新的文化和理念，是创造力的体现。工匠精神最关键的是创新精神。

工匠不仅要具有高超的技艺和精湛的技能，而且还要有严谨、细致、专注、负责的工作态度和精雕细琢、精益求精的工作理念，以及对职业的认同感、责任感、荣誉感和使命感。

而今中国作为全球第二的制造业大国，却并没有多少百年企业，产品质量在世界上响当当的企业比较少，其中重要原因之一，是工匠精神没有能够得到有效传承。意识到这一点，中国现在也正在重拾工匠精神。中央电视台播出的系列专题片《大国工匠》，就是在宣传大国工匠精神，让工匠精神在全社会形成一种共识，使其成为中国制造的内在支撑。专题片中的工匠们能够数十年如一日地追求着职业技能的极致化，靠着传承和钻研，凭着专注和坚守，缔造了一个又一个的"中国制造"。

当然，也会有人问，在新科技革命、工业4.0来袭的时代，我们还需要这些工匠和所谓的工匠精神吗？不可否认，标准化、机械化大生产越来越普遍地应用于制造业，但是所有的机器都是人操作，在某些极精密和复杂的领域，机器更不能完全替代人。

李克强总理在"两会"上说："我们要用大批的技术人才作为支撑，让享誉全球的'中国制造'升级为'优质制造'。"代表中国实力的制造工程，其顶级工艺技术确实十分精良，但对于更多的中国制造领域，比如手机、冰箱甚至是一段时间内引发抢购风潮的马桶盖等，我们仍然缺乏响当当的"中国名片"，其背后所折射的，又恰恰是基础制造业优质技术人才——大国工匠的缺失。同样，缺失的还有工匠精神。在"中国制造"升级为"优质制造"的过程中，弘扬大国工匠精神、培养缔造更多的大国工匠，是非常重要的推动剂和催化剂。

作为建筑人，也是最能体现"工匠精神"的群体，我们每做一项工程，都要从心底里追求把它做成一件精品、一件艺术品，做成鲁班奖工程。怀揣一种对国家、对民族、对社会高度负责的态度，有一种为社会承担责任的历史使命感。要为社会留下一个杰作，一笔财富，这笔财富既是物质财富，又是精神财富。

在我们企业里面，工匠精神渗透在管理、技术、安全、经营的方方面面。南通四建是一家有着 60 年历史的建筑企业，公司迄今获得建筑领域最高奖鲁班奖 28 项，获奖总数名列江苏省第一。我们创建鲁班奖的过程，其实就是一步步实践工匠精神的过程。我们获得的鲁班奖之所以那么多，就是靠从头到尾抓质量，把质量做上去。直到现在，我还是一直讲，我们不是做得最大，技术也不是最领先，但我的质量是最好的。我之所以能这样讲，是因为我有这个底气，底气来源于我有很多能工巧匠。我经常说我们企业的发展不是靠管出来的，是我们一批具有工匠精神的员工做出来的。我们的企业，特别是南通的建筑企业为什么发展得这样快、这样好，不是说管理水平比别人高多少，市场经营能力比人家高多少，而是因为南通有非常优秀的建筑工人，有一大批技术成熟的能工巧匠，筑成了我们企业发展最好的根基。

我认为建筑是人类传承文明的一个重要载体，人类传载文明除了文化、书籍、思想，就是建筑。而其中建筑也是最能体现"工匠精神"的遗存。这些建筑瑰宝一方面是工匠精神的创新创造，另一方面是团队精神实现了当时新技术和新工艺的完美集成。

这就是时代呼唤着"工匠精神"，"工匠精神"也改变了时代。

问：创建于 1958 年的南通四建自 2000 年改制为民营企业以来，先后荣获鲁班奖 28 项、国优奖 15 项、詹天佑奖 5 项及其他省级以上荣誉 800 多项。鲁班奖获奖总数名列江苏省第一，在江苏省乃至全国创下鲁班奖十连冠的记录。您作为深度介入的企业老总，一定有不少的经验、秘诀可谈。

答：作为一个建筑人，能够获得这些荣誉，首先要感谢我们这个伟大的时代，特别是 40 年的改革开放给我们建筑业的发展带来了千载难逢的黄金机遇。我们没有做旁观者，而是勇做弄潮的参与者。再就是要感谢南通几十万能工巧匠们，是他们的聪明智慧创造了南通铁军这个全国知名品牌，创造了人类文明发展史上一座座不朽的建筑经典和丰碑。还要特别感谢社会各级领导和主管部门的全力支持，有了他们的支持，我们建筑业的发展才有了坚强的后盾。

从股份到股东

本节金句

搞好企业，靠老总一个人是远远不够的；而搞垮企业，只要一个老总足矣。

建筑企业不同于一般企业，属于露天工厂，点多面广，高度分散，弄不好就会出现"将在外，军令有所不受"及"诸侯割据"的局面。如何凝聚人心，形成"大合唱"的氛围？关键是如何善待员工，是否真正把员工看成企业的主人、财富，一切从大多数员工的最大利益出发。

国有企业改制时如何处理员工，按照当时流行的、简单省事的办法就是一次性买断工龄，无后顾之忧。但我们问卷的结果是没有一人愿意离开，因为员工对企业有着难以割舍的深厚感情。我们为什么不留对公司深有感情的"自己人"，而舍近求远另招陌生的"外头人"？这不是瞎折腾吗！这笔账无论如何划不来。最终，我们没把一个职工当作包袱推向社会。

企业只能是一个利益共同体。企业的发展绝对不仅靠董事及其他股东，而需要依靠广大员工，让每个员工看到希望，实现理想。如果优秀的员工一辈子只能打工，无法进入核心层，不能成为老板，那就不仅仅是积极性受挫伤、工作态度差、责任感弱的小问题了，而将导致企业内部分裂。

在南通四建，没有永远的打工者，也没有永远的老板，只要好好干，人人都有上升的渠道和空间。

在改制中需要解决几个课题：一是调动股东的积极性，奠定企业发展根基。二是调动企业骨干的积极性，保持企业的稳定。三是调动年轻员工的积极性，让年轻人看到希望。四是处理好改制与发展的关系，用发展的办法来解决企业存在的问题。

问：企业改制是一个繁杂的系统工程，是一个不断见招拆招的摸索创新的过程。四建在改制过程中，独创了一些全新的模式，是创造性地执行了《公司法》，是对《公司法》中某些条文的"离经叛道"。是什么情况促使你们敢于做"第一个吃螃蟹"的人？

答：企业改制不是一劳永逸的，它是贯穿于企业发展的全过程。

2000 年，南通四建作为建筑行业的首批试点企业，进行产权制度改革。按照当时其他行业的改制模式，是国有资产全部退出，由个人或几个原企业的高管买断。对此，我明确表态："此法不妥，我放弃控股权。"此话一语惊人！放着金疙瘩不抱，你耿裕华脑子"进水"啊？

然而，我有自己的思考，考虑最多的是如何平衡政府、企业、员工三方利益，最重要的是如何保证广大员工的利益不受损害。20 多年前我初任四建老总，发表就职演说时讲了一句话："搞好企业，靠老总一个人是远远不够的；而搞垮企业，只要一个老总足矣。"这是我的肺腑之言，也是我几十年来的人生警言。

建筑企业不同于一般企业，属于露天工厂，点多面广，高度分散，弄不好就会出现"将在外，军令有所不受"及"诸侯割据"的局面。像我们南通四建，数万"将士"分布在全国 20 多个省市乃至国外，如何凝聚人心，形成"大合唱"的氛围？关键是如何善待员工，是否真正把员工看成企业的主人、财富，一切从最大多数员工的最大利益出发。

南通四建是全民的四建，全体员工的四建，不是我耿裕华一人的四建。正如当时通州市委书记周通生所说，我们南通的建筑行业发展得非常好，如果也零资产改制，于国家、于社会、于良心都无法交代。如果改制后，我成了老板，他们一个个都是为我打工的，这企业以后的日子能好过？如果抱着改制是为了个人或某几个人发财这个目的，那改革的结果最终只能是人心浮动、众叛亲离。

于是，我提议废除"先改后买"的做法，创新"先买后改"的模式，即以企业所有员工作为核心群体跟政府谈判，以职工持股会集体的名义把企业购买过来，然后内部再以一种能被大部分员工接受的方式进行利益的重新分配；在股权设置上，本着自愿入股的原则，把各分公司、工程处层级以上的管理骨干、优秀项目经理和优秀财务负责人等共 200 人作为重点持股对象，建立多层持股、以股联心的股权结构，以体现股权的合理性和股东的广泛性。

当时的通州市委书记、市长都做我工作："你没有 30% 以上的股权，连开会的决定权都没有，将来还怎么驾驭公司？"我说："四建有特情、有沿革、有传统。改制，要体现公平合理，想方设法把优秀的骨干全部留下来；留不住他们，改制就是失败的。"如果政府送我 30% 股权，那我的身份就和大家立马拉开了，这会让很多人接受不了，等于在我身边埋下了无数颗"定时炸弹"。

我的这个姿态无疑得到了绝大多数人的点赞。

接下来是直选产生董事会，方法是 200 名股东人均一票，绝对的无候选人海选。这也是一件很令政府担心的事情。当时的市政府市长找我谈话："一个小小的门市部四五个营业员，执行董事都选不出来；你两百号人，有把握选出中意的董事会吗？"我向市长承诺："选不出理想的董事会，说明股东们不齐心、不信任，那我只有打包走人，你们再另起炉灶。"当时设定了年龄、资历、任职、身体等条件，选举一次性成功，10 名同志被选入董事会。这 10 个人，在公司的威望、能力是得到大家认可的。

紧接着面临的一个棘手难题是如何处理国有企业的员工。四建当时有员工 4000 多人，按照当时流行的、简单省事的办法就是快刀斩乱麻，一次性买断工龄，一了百了，永无后顾之忧。这也是不少董事的想法，但我不主张。我先做了个民意调查，凡自愿留在企业的，公司个个欢迎；谁想离开的，按政府规定一次性买断工龄。问卷的结果是没一人愿意离开。为什么？员工对企业有着难以割舍的深厚感情，离不开为之奋斗、朝夕相处的企业，他们看到自身利益能在这里实现最大化，对未来充满信心！这样的民调结果使我精神振奋，也让我对自己的想法更有信心。人的因素决定一切，人是企业最宝贵的财富。这就是民心，就是四建的希望所在！更现实的问题是买断了工龄，公司还得向社会招人。我们为什么要卖了对公司深有感情的"自己人"，而舍近求远另招陌生的"外头人"？这不是瞎折腾吗！这笔账无论如何划不来。最终，我们没把一个职工当作包袱推向社会。

在改制的初始阶段，我们这样做首先赢得了人心，得人心者得天下。实践证明，被挽留下来的 4000 多个老员工在整个发展阶段发挥了非常大的作用。这些人对公司忠心耿耿，有不少人被提升到管理岗位或辅助管理岗位，成为班组长、施工员、安全员。他们尽心尽责，保证工程质量、执行合同履约。公司把他们从施工一线转到管理岗位，使他们的才能得到发挥，对他们本人也是尊重，从而他们对公司忠诚度更高了。这些人支撑了公司初期的发展，年施工产值很快从十亿元跃到了上百亿元。公司不但没有一个员工"跳槽"，还有全国各地 600 多名人才慕名加盟到南通四建。这就是人心的潜力和魅力！

改革不可能一劳永逸。刚刚改制的时候，企业走过了一个高速发展的时段。但两三年后新问题又出来了：企业发展得这么好，那些在改制前没有投股的人后悔了，他们也想投一些股份。《公司法》规定：注册股东只能少于等于 50 个股东。第一次改制确定为 200 个股东，是为了保持企业稳定，是权宜之计，这与公司法是抵触的。我认为，企业要保持稳定发展，需严格按照《公司法》的要求规范运作，具体做法是成立专业子公司，让骨干的股权与自身所处的单位效益紧密结合，在子公司中体现自己的价值，完善组织结构，使公司运作符合《公司法》要求。优化专业结构，发展相关多元产业，向主业上下游延伸；实施集团化战略。母子公司体系是优化公司整体结构的主要手段。我们所采取的几个措施是：首先把专业公司独立出去，如装饰装潢公司、电梯公司、智能公司、房地产公司等，这样把 200 人中的一部分股东分出去，放在子公司里面，他还有很高的股权，子公司设计的时候让这些人再投资。这些独立出去的公司，集团要控股 51%，剩余的 49% 由专业公司的经理、员工进行投资。由于当时他们没有那么多钱，我们就设立了期股，即使仅出 20% 股份，也按 49% 进行分红，但分红的钱不能拿走，要逐步把期股的钱填满、填实。这里面有几个好处：一是解决了原 200 人不能入注册股东的难题；另外一方面，这些人在子公司股权很高，他们也很努力、很认真去做，把利益跟他们所在的工作岗位紧紧地捆在了一起。

2004 年公司进行了第二届董事会换届，当时有人提出来董事会持有的股权太少，就会出现不负责任，工作态度不会很认真，不是很努力的情况，希望董事们最少也要提到 5%，这要好几百万。当时我们设定了一个时间阶段，从 2004 年到 2006 年 3 月把它补到这个数。这是第二个三年做的事，很多人用房产抵押，或向亲戚朋友借，很快就到位了，这个股权的结构就保存到现在。11 个董事，我是董事长，10 个董事占 5%，我占 8%。这样加起来就是 58%，实际上现在的董事会是一个控股层，但每个人的比例不很大，这样就形成了董事会控股的格局。

董事会控股的格局形成以后，2006 年换届的时候又出现了问题：股东们发现董事会已经控股了，原来选举权和被选举权是每个股东都有，现在董事会达到 58% 的话，小股东就没办法撼动董事位置，认为从现在开始公司就是几个董事把持了，如果几个董事统一的话，公司就是几个董事的了，别人没办法向他们产生任何的挑战。同时，企业效益越好，两极分化越严重。持股高管的高收入，让众多的员工开始"眼红觉醒"起来：我们没有股权，改制以后变成一个打工者，并没享受到多少红利，大头都被大小股东吞去了。人心开始浮动，军心开始涣散。股权是一把双刃剑。我意识到，这是一个危及企业根基的大问题。一个企业最终的文化是共同富裕。企业的发展绝对不能仅靠几个董事及其他股东，而需要依靠广大的员工，让每个员工看到希望，实现理想。如果员工一辈子只能打工，无法进入核心层，不能成为老板，那就不仅仅是积极性受挫伤、工作态度差、责任感弱的小问题了，而将导致企业内部分裂。譬如那些无股在手的分公司经理、技术骨干，觉得自己在前方干得那么辛苦，做出了那么多贡献，但最终得到的只是仨瓜俩枣，大果实全被股东们摘去了，他们就会自问："凭我这身本事，为什么还要傻瓜似的给你们卖命？"于是，良禽择木而栖，有想法就会付之行动，考虑另投新主或另立山头。这些人有能力、有经验、有市场、有朋友，带一支成熟的队伍拍拍屁股就走，哪个建筑企业都欢迎。众叛亲离，人才都跑到人家那里成了自己的对手，这能不添乱吗？这也是建筑业与其他行业有所不同的特情。这个问题不解决，势必形成企业内部两个对立的利益群体。而对立群体一旦形成，企业大厦的垮塌也就危在旦夕了。公司有个人说的话很经典：你有什么样的股权架构，我们就有什么样的工作态度！

企业只能是一个利益共同体。于是，在 2006 年上半年，我投石问路，在董事会上提出了"是不是可以搞股权流转"的重大议题，交给董事们讨论。董事会成员开始几乎都不同意，认为当时企业搞得那么好，主要市场都控制在我们董事手里，还怕哪个"翻天"？搞什么流转啊？

为了做通董事会成员的思想，为了企业的长久不衰，我跑了一年，在很多地方开股东座谈会、职工座谈会，灌输我的意图，探讨企业怎么做大做强。每到一地一说，小股东和无股权的员工都非常拥护和支持这个想法。然后，反过来我再召开董事会，把小股东和基层员工的想法带给各位董事们听。并且我耐心解释："人无远虑，必有近忧。现在公司法规定：人死了还能继续分红，可以传给儿子、孙子；股东没有退休年龄限制，董事长可以当到一百岁……人心都是肉做的，凭良心说，要是人家不跟你一条心，搞一个假合同就可以把钱弄走，搞一个劳务公司就可以把人转走。企业一般是审批'一支笔'，而像我们这么大规模、四海为家的建筑企业，不可能做得到，可能有 100 支笔在签字，项目经理签字搞点名堂，怎么还能管得住？要想搞好企业，单靠几个董事不行，靠 200 个股东也不行，而要靠员工大家同心协力。怎么把员工积极性调动起来？办法是：股权流转，股东能进能退！"

结果，坚冰被攻破了！大家认为股权的大门应该让有本事的人进来，让年轻人进来；并且有进有出，不出，光进怎么行？后来开会的时候，200 个股东全部赞成公司股权流转。

　　我们设计了一套股权流转的实施办法：一是股权退出机制。凡是调离公司、与公司解除劳动合同、犯罪、被开除、死亡的股东的股权，未能当选董事和退休的大股东所持的大部分股权，必须在规定时间内退出或转让，所有转出的股权由职工持股会优先收购。二是股东和董事会的进入机制。新当选的董事必须在3年内将其股本增至规定数额；因注册股东减少需要补员时，由股权领导小组推荐，经董事会同意，股东会通过，原则上每3年认定一次；将评出的优秀管理、技术干部，经股权领导小组推荐，董事会同意，股东会通过后，让他们认购部分股权，进入职工持股会。公司利润只允许分一半，以后还有一半不动，留作企业再发展。今天买了部分股权，自然获得了公司原来一份剩余价值，拿了50万的股权，那可能就是150万元的现实利益，谁不愿意呢？谁都要好好努力干。这样保证了我们很多项目经理千方百计地努力工作，然后争取成为公司股东。这对年轻的大学生最大的好处是，他只要做得好，很快就可以变成一个小股东。如再做得好，还可以成为注册股东。

　　有奖当然就有罚。公司还规定，所有股东凡是离开公司，受了处分，做工程亏了本的，公司有权处分你，可以驱逐出股东队伍，还要把你的股本及分红作为赔偿。

　　此外，公司所有股东，哪怕你是注册股东按照章程规定也要流转，这叫股东进退出制。我们开会表决的时候最多48个人，如果你是股东但不是注册股东的话，就没有表决权，也没有被选举权。有股权不等于是注册股东，注册股东才有选举权和被选举权，才有表决权。

　　我们一步步在走。进来的小伙子买股，买了股权不一定能进注册股东，如果再做得好，就有可能成为注册股东，这时你可以被选为董事、董事长。这个过程解决了整个人员上升的管道，让有才华的年轻人看到希望。所以我一直讲，股权的流转实际体现了一个企业核心的价值观。这个搞好了，人心就稳定了，员工就不会再有其他想法。

在一次大学生到公司报到的培训会上，我给他们讲："在我们这里没有永远的打工者，也没有永远的老板。你们只要好好干，只要能做出贡献来，10年以后坐在讲台上的可能不是我，可能是你。道理很简单，我和我的股东们不会将手中的股权传给子女，而只能留在公司。"

公司的这些规定，使大股东不再将股权作为控制企业的最重要手段，让大股东自觉接受小股东的监督，用自己的威望、业绩和贡献赢得认可。这就确保公司在维护大股东经济利益的基础上，股东的权力是通过所有股东民主选举产生的，从根本上打破了股东权力来源的支撑。公司的治理结构充分保证了权力来源的公平，创造出公平、公正的企业治理结构，切合了社会主义共同富裕的要求。这样的体系设置有效建立了股权不被继承、股权必须是南通四建在职在岗的人员持有的股权体系，从而保持了股权的生命力。

通过这样的过程，我们把各个层面的积极性调动起来，首先是高层，通过国企改制，解决了高层、董事层。接下来成立子公司，解决了骨干层。第三个层面，我们进行了股权的流转，从股东层的进退中解决了给后起之秀晋升机会的问题。

流水不腐，户枢不蠹。这样的机制设置保证了股权始终处于流动状态，而不被世袭，优化了股东的年龄结构、知识结构和专业结构，实现了公司高层平稳而有序的过渡，为企业跨越发展奠定了基础。股权流转机制较好地解决了中国企业传承和企业领导人交接班这一老大难问题，确保年轻优秀的后来者脱颖而出，走上领导岗位，保证了公司的健康快速发展。一代代德才兼备的后来人按照章程规定继承上一代人的事业，保证了制度产生掌门人的顺利实现。股权流转机制让公司优秀员工、一般股东、大股东的利益都有了保障，打通了自下而上的上升管道，为企业创百年老店奠定了发展根基。

这个由公司独创的运营机制已经得到了同行们的普遍认可，得到了省建设厅和国家住建部等各级主管部门和领导们的大力推崇和高度赞扬。每年都有不少企业专门到公司来学习股权流转和股东进退出机制的运营体系。美国哈佛大学、清华大学、复旦大学、北京大学等众多知名高校听闻公司的运营机制，专门收集材料，派人实地采访，进行分析，总结成为他们课堂上的经典案例。

几年后，我又向自己"开了一刀"：让出四建董事长位置，改任名誉董事长。许多人不理解、想不通，说四建这么好，你怎么舍得退啊？我这样回答："舍得舍得，有舍方得，这对企业长远发展有好处。一来我都五十好几了，揽多个职务于一身，精力有限，会误事；二来就是要破除职务终身制，从自身做起，树个样子，让能人、后人看到希望。"

问：通过四建的几次改制可以看出，你们的改制是艰难的，也是成功的。一路走过来之后再回头看看，一定会看到不一样的"风景"。

答：是的。在企业一系列的改制中，我们确实绕过了不少的改制误区。现在回头看主要有这样几块：

一是有人认为，企业改制只要把企业产权改过来，企业就能一帆风顺、一劳永逸了。其实不然，要因时度势，不断调整企业发展思路，逐步提升和发挥企业体制优势、人才优势和品牌优势，强化内在管理，才能在竞争中勇立鳌头。

二是有人以为股权越大越好，只要把握住了公司的股权，实现绝对控股，就能掌握整个公司。掌控企业不代表企业必将能具有良好的生命力，能够长期快速稳定发展。作为全国知名的建筑之乡、并走在全国改制前列的南通，有很多建筑企业，在改制中逐渐走向消亡。这些事例不胜枚举。

所以说，在改制中需要解决几个课题：一是调动股东的积极性，奠定企业发展根基。二是调动企业骨干的积极性，保持企业的稳定。三是调动年轻员工的积极性，让年轻人看到希望。四是处理好改制与发展的关系，用发展的办法来解决企业存在的问题。

其实改制的目的是政府、企业、员工三方利益的重新调整。改制的最终目标是能达到政府、企业、员工三方面利益的均衡和共赢。

改制既要让年轻人看到希望，也要保护好老同志的利益。处理好企业与社会、股东、员工的关系是贯穿于改制的始终。改制的最终目标是创百年老店，让企业基业长青。

我个人的财富观是：一人发财将是灾，大家发财才是财。这也是我从改制中感悟出的。

从传承到创新

本节金句

创新必须建立在传承的基础上，创新不是无本之木，无源之水，只有在传承的基础上才可能做到更好的创新。

创新就是做别人未做过或看似不可能做出来的东西，听起来似乎"高不可攀"，其实只要你能换一个角度看问题和想问题，就会脑洞大开，而让创新变得简单。

企业老板应该学会驾驭，而不是去领头干。

一个企业肯定不止一种文化，但一个企业不能没有文化的浸染。企业文化是一种企业的价值观念，企业的行为准则。企业文化无论中外，没有最好的，只有适合的，适合的就是最好的，企业文化的核心问题是如何对待员工。

南通四建集团引人瞩目的发展与企业内部"党建"工作的健全不可分，活力四射的党建工作是企业发展的"红色引擎"。集团党委坚持"支部建在项目上""党建活力在基层"的理念，工地建设到哪里，党组织就组建到哪里；党员走到哪里，党旗就扛到哪里，以党员带头作用带动全局工作，实现党组织的有形覆盖和有效覆盖。

问：传承与创新，是个比较大的话题，也是个老生常谈的话题。再说说您对这个话题的认识。

答：我个人感觉到，创新必须建立在传承的基础上，创新不是无本之木，无源之水。只有在传承的基础上才可能做到更好的创新，成天在那儿苦思冥想创新，这种可能性不大。

创新就是做别人未做过或看似不可能做出来的东西，听起来似乎"高不可攀"，其实只要你能换一个角度看问题和想问题，就会脑洞大开，让创新变得简单。

就我们企业来说，首先一定要把传统的事做好，把老祖宗留传下来的好的想法、好的做法，认认真真地继承下来。中国有那么多的优秀建筑，为什么能留传至今，就是历代优秀的建筑人用巧心，用巧手，一砖一瓦地盖起来的。建房是百年大计，这里面的"计"是什么？是计划，是计策，其目标就是把质量做好。我们找到这条传承的根——注重品质，我们也就找到了传承的路径。然后在把品质做好的基础上再去创新，用很多的新技术、新工艺，完成自己的新作品。只有建立在这样的基础之上的创新，才不会成为看似壮观，实为虚幻的"海市蜃楼"。这就是传承和创新之间的关系。

具体到我们企业应该怎么做呢？现在我们有不少企业，虽然也整天在喊要传承，要创新，可实际上是传也传不好，创也创不来。问题出在哪儿？是浮于表面，并没有深入观察思考。说实话，我们大部分精力，还是要放在继承传统上，只有把这个"地基"打好，才能谈创新。这个次序一定要把握好。传承不能机械地传承，要观察一些传统中有没有可以改进的东西。人类好多实用型的发明，都是在实用过程中发现哪儿还不顺手，哪儿还有缺陷，然后对它进行研究，忽然灵光一闪，一个新的发明就诞生了。我现在虽然做了老总，但还对研究一些东西感兴趣。这两年，我搞了一个看似很简单的发明，成功后已申请了发明专利。这是一个关于木结构的发明。原来我们都是用传统结构，就是用楔子，两块板拼接用楔子联结起来，我现在把它改成板结构里用绳结构。就是用钢绳，在里面打个小眼，把一根钢丝绳穿进去，把整个的木材重新拼在一块儿。这里面用钢绳结构拼接出来的木材，板材也好，家具也好，它就"活"了。为什么叫"活"了呢？因为钢绳有弹力，在板材有空隙、温度高、尺度大的时候，它会膨胀。原来用楔子连接，它因为是"死"的，适应不了热胀冷缩，它就容易变形。现在用了钢绳，有弹力，它会随木材的变化而伸缩，加之钢材本身有应力，这样就"活"了。应用到家具上，也用绳穿进去。因为钢绳是可以拐弯的，可以把它的螺丝帽放在板子下面，只要板做好后把螺丝一紧，紧完以后，表面上看非常漂亮，反面只有一个小螺丝，就完全看不见那种榫头的痕迹了，既美观还又不容易变形。铺地板也可应用，现在常见的都是用钉子钉，用螺丝拧，地板几年以后就会有缝。为什么会有缝呢？冷缩时候有了小缝隙，就会掉进垃圾或者杂物灰尘，等到热胀时也就回不来了，今天掉点灰尘，扩大一点缝隙，明天掉一点，几年以后就裂开了。还有如果一块地板坏了，要修这块地板，要把旁边撬起来，因为钉过钉子，一挖就坏了，很好的地板没用了。要是用钢绳串起来，两头并起来，修地板时，松松螺丝就行。地板下面不需要连，因为一块板并成一个整板，整个房间是一块整板，一块小板一块小板地通过钢丝绳连起来。这项发明我申请的是实用新型专利，现在已经拿到了专利权。

我现在还在研究一个项目，也是我主创的，就是把数字建筑引进到建筑工程当中来，已经在建设部立项了。现在我国北斗导航已经进入全方位服务，我的创新就是用北斗导航系统来做整个工程现场的监控。如三维的空间水平方向有偏差，垂直的高差，角度的扭转……都能通过一个局域的程序，通过计算达到监控和纠偏的功能，不断地校正误差，将施工隐患消灭在萌芽中。工程师需要控制精度，精度有多少用处呢？原理就是将现场用的测量系统和测绘系统，与地球的测量系统、信息系统连接起来，变成我们所需要的工程数字测量。这就是数字施工概念。有什么好处呢？现在我们有些施工在高山森林里面，以前用人巡航，费时费力。后来用无人飞机巡航，效率大增。现在只要在这个施工面加一些信号机，然后利用卫星捕捉这些信号，就可以随时随地全方位控制它，出现问题可以预警。这对核对重大工程、探测重要文物、在建工程，都能起到很大的作用。你说简单得很吧，但是人家没有把它整合起来。还有科学上的创新，发明新的东西。刚刚去世的科学家霍金，他歪着头眯着眼睛在轮椅上想宇宙这个东西，都离不了继承前人的一些科研成果，然后在这个基础上去灵光乍现，去科学创新。现在通讯马上就要进入 5G 时代了，它不可能从一代一下子就跳到五代去的，它一定是循序渐进，慢慢往上发展的。

这就是创新，其实创新不是完全做出什么新东西来，而是通过传承积累出来的很多东西，去整合多方面资源而得出一个更合理、更实用的东西。

问：对于"创新"这样的一个时髦词，有不少人是抱着"叶公好龙"的心态，平时常挂嘴边，真要去做，又视若畏途。您是怎样去启发员工的呢？

答：说到创新，就可能使人联想到创新需要很高的成本，并且创新的内容很难突破，甚至觉得无新可创。这是创新思维的误区。我对员工说了个有关汽车的故事。汽车发展到现在已经一百多年了，积淀了人类的各种智慧、各种技术，看起来，对于汽车该想到的东西全想到了，该发明的全发明了，没什么大的创意了，突破性的创新不大可能会有了。然而上海一个 17 岁女孩的一个疑问竟然引出了一个新市场：能否让人们在突发紧急情况下刹车时误踩到的油门变成刹车装置？正是这样一个看似异想天开的疑问，竟然有将近 60 亿元的市场价值含量！所以说，创新时时都有可能！只要你有"问题意识"。

不要把创新看得很神秘，自己和别人以前没有做过的都可以叫创新，思维模式、生产方式和经营模式的转变都是创新。要善于发现商机、寻找商机，不要只盯着一块。很多东西的创新只是比人家领先那么一点点，却能产生一个优势富集的效应。在某一方面领先别人一点，长此以往就会产生天壤之别的变化。因此，在想问题、办事情的时候要领先一步，胜人一筹。比如，一只装满水的杯子里还能放什么？我们可以放一些细小的碎末，可以放盐、糖等可以被水溶解的东西。如果，我们假设这只水杯已经不能再放进去任何东西，那它里面还能放什么？我们可以用手电筒照射这只杯子，那么光就可以进入杯中了！与此相同，还可以放进去电、磁等。其实一些创新就发生在我们的身边。像我们公司改制中的"股权设计""股权流转"等做法都是在《公司法》中没有"依据"的，这就是创新。我们公司这几年来的发展规模、发展速度和良好的发展态势无一不是创新重大力量的证明。

问：听说，公司的党建工作有声有色，得到了省级领导的高度赞扬。您能讲讲其中的故事吗？

答：非公企业党建创新永远在路上。作为一家从地方国营改制过来的民营企业，南通四建党建工作形成了所谓的"四建模式"，其实简单得很，就三句话，即组织架构健全，机构有效运转，工作方法得当。如何理解这三句话？

组织架构健全即集团总部设有党委、工会、团委、女工委等组织，坚持以党建带群团工作，组织运行融入企业管理，互相协作，实现党组织与企业目标愿景同向，成为企业有机体不可分割的重要组成部分。基层具备条件的单位，均配备完整的行政和党组织班子。行政实行董事会讨论、总经理聘任制，书记实行党委任命制，分工会主席实行工会选举制。自2000年改制以来，公司始终坚持党委和管理层同步配备同步换届、机构同步调整、机制同步建立。整个集团拥有2个党委，党委坚持工地建到哪里，党组织就覆盖到哪里，6个党总支、41个党支部、812名党员，构建出南通四建完整齐全、广覆盖、高能效的党建体系。

有效运转即公司党委精准定位，围绕生产经营，坚持服务经济建设，以一流党建促一流发展，找准党建工作与生产经营相协调的切入点和结合点。明确党组织书记是单位重大决策的参与者和监督者，以管方向、管思想、管制度、管协调为主要任务，党政齐抓共管。党组织管理制度、工作目标与单位机制同步建立，单位经济效益与党建工作同时检查评比，行政与党务干部同时述职考核。"进入管理起作用"成为党建工作的主题和要求，党政功能实现同步发挥。党组织书记有位有为，从时间、资金、场所等方面有效保障了党委组织架构的高效运转。

　　管理方法得当即党建工作的根本是管思想，做到与时俱进，因人、因时、因事而异。四建党委始终坚持党建工作要沉下去，接地气，从最现实最实在的做起。党组织书记要了解基层情况，参与决策，化解矛盾，以打造一个利益共同体为目标，对不同层面做不同的思想工作。对企业高层灌输奉献精神和传承文化，倡导其做有价值、有格局，受人尊重的人。对企业中层建设公平公正平台，创设股权流转和股东有序进退出机制，建立畅通渠道，永远让年轻人看到希望。对基层员工用切身的人文关怀为其提供舒适的生活环境和愉悦的工作环境，按照市场机制给他们体面的收入，让他们活得有尊严。

　　改制以后，一切都没有现成的模式可借鉴，这也逼着我一直在思考。我一直认为，董事长兼党委书记是最好的架构。董事长跟党委书记是可以合二为一的，一手抓市场方向，一手抓思想建设，这是最合理的。完善的党建是内部建设的保障，是让人的思想保持纯洁的保障，是打造积极文化价值观念的保障。企业的党组织不可能在生产经营第一线冲锋陷阵，而是要放下身段将服务于企业的经济发展作为根本的指导思想。实际上，董事会和党委应该是一个共同体，只不过是左右脑、左右手的区别。所以我才说董事长兼任党委书记是最佳的组合。每年讲党课，我都认真准备讲稿。企业员工的思想工作不能放，一点都不能放。所以我始终坚持，企业是为社会生产服务的，我的党组织是为生产服务的，而不是去监督他做什么，控制他。我们以前有党委中心制，监督、把握企业发展方向，我认为不完全是这样，企业发展的根本是要搞好经营。队伍怎么建？要靠党的领导，靠党建工作的创新。

　　我有一次在部里介绍经验时，说自从鲁班奖创建以来，我们南通四建已连续拿了10年。同行们就说："耿总，你也让点饭给别人吃，鲁班奖你不能一人全包了。"这话虽是半开玩笑，但对我也是个触动。所以那年我们就没有报鲁班奖。员工们想不通，我解释说："为什么今年不报了，因为确实对同行的压力很大，你南通四建老拿鲁班奖，江苏那么多企业，也留点路让别人走走。"我们南通四建能拿到这么多次鲁班奖，是因为从项目经理到每个员工，都认为能拿到鲁班奖很光荣，就是要按鲁班奖的要求去做。有些工人白天工程质量做出了问题，晚上睡不着，偷偷摸摸起来自己把它改了，怕明天被领导发现，被组长发现，没面子。用这种精神支撑起来的员工要不拿鲁班奖也难。每个员工都有这种上进心、自豪感。我认为这就是我把队伍搞好了，这就是党建工作发挥作用了。

党委管什么，第一个就是管作风建设、思想建设。建筑队伍的员工，大多来自社会最基层。他所受的教育不高，文化水平也很低，生活环境又不好，那你说些大道理，叫他做好工程，叫他为社会服务，为国家服务，他不一定能理解。所以要对他说："我们给人家盖个房子，盖得不像样，不说人家下次不让你做，你心里也会很不舒服。你既然有这个手艺，就应该把你做的事做好，这是做人的基本准则。再说活儿做得好点，也只是你比别人多花了一点点功夫而已，得到的却是受人尊重。"所以我们要从建立人的自尊心开始，这是党建工作的第一步。

再有就是从抓生活环境入手。当时四建所有的建筑工地，都是有规范的。所有的生活用品，床铺蚊帐、枕头枕巾、洗衣粉、卫生纸、洗头膏，都是统一发的，每个人都有。我是从员工的生活尊严开始下功夫。试想，一个人在生活上连最起码的尊严都得不到保障，他的言行就不会有顾忌和底线。所以我们的浴室、餐厅都很干净。到职工宿舍发现房间有臭味，烂鞋子，是要罚款的。所以我从职工的生活，从他的基本尊严开始管，把他们培育成一个有自尊心的人。中国古代先贤管仲曾言："仓廪实而知礼节。"只有在人们的物质生活得到最基本的保障后，才能要求他们更高的精神追求。

公司党建不断丰富学习载体，探索"党建＋互联网"模式，抓好党建工作与生产经营管理的深度融合。依托 OA 办公平台，建立集团空间学习交流平台、书记微信群，每年定期开设"七一"党课，促进党建工作信息化、规范化、制度化。公司党建通过人才建设推动服务党员添活力，将人才集聚融入队伍建设，把书记作为培养年轻人的前置平台。公司践行诚信理念，使为社会做出优质放心工程，提高和改善人们工作、生活环境成为四建人的共识；党委书记定期上党课，引领发展思路，强化思想政治建设，涌现出全国建设系统劳动模范、江苏省企业首席技师、东方勇士等先进人物；设立流动党校、技术党校，开展"博思讲堂"、桃花源讲习所、党旗在建筑工地上飘扬、党课万里行等活动，为提升党员干部的知识技能提供平台。为加强流动党员管理，与区组织部建立了首个流动党委。苏北地区联合党委、南通驻沪学子团工委的建立，发挥出党组织的政治引领作用。助学、助贫、助残、助孤等社会慈善活动，树立了"致富思源、富而思进"的良好企业形象。

实践证明，扎实的党建工作推动了企业又好又快发展，结出累累硕果，党建工作也得到了各级党委的高度肯定。记得有一年，时任江苏省委副书记石泰峰来集团考察，本来市里只安排了 10 分钟时间看看，哪知我们一聊开，足足待了 1 个多小时，最后石书记对我们说："我今天看到你们公司创了不少工程鲁班奖。如果党建工作也评鲁班奖的话，我今天就给你们四建颁发一项党建鲁班奖！"

问：在您眼里，在私企里一个合格的共产党员该是怎样的？

答： 无论在国企还是在私企，一个合格党员，不在于职务高低、财富多少、年龄大小、能力强弱、学历高低，关键是看对党是否忠诚，是否服从党的领导；是否有一颗纯净的心，来指导自己为人处事和工作生活。

做合格党员必须做到修正心，方能行正道。判断共产党员合格与否的标准，要与中国共产党的宗旨联系起来。党的宗旨就是为人民服务。所以判断一个共产党员是否合格，就是看其是否全心全意为人民服务。要自觉做到把人民的利益放在首位，做到吃苦在前，享乐在后，"先天下之忧而忧，后天下之乐而乐"。

具体说，作为建筑企业的基层党员，要在本职岗位上担当起企业的社会责任，用工匠精神为社会留下更多的精品工程，为传承人类文明创造更多的载体。

《礼记·大学》："大学之道，在明明德，在亲民，在止于至善。"只有知止而后有定，定而后能静，静而后能安，安而后能虑，虑而后能得。止于至善的意思是精益求精，达到完美的地步。

所谓工匠精神，就是做一件事情，不是为了争取利益而为，不是为了学会而做，而是真正把它做成一份事业，做得更精，做得更好，做到极致，为社会留下一份传承的作品。

我们每做一项工程，都从心底里追求把它做成一件精品，一件艺术品，做成鲁班奖工程。怀揣一种对国家、对民族、对社会高度负责的态度，有一种为社会承担责任的历史使命感。这就是在践行为人民服务的宗旨，这样就离一个合格的党员不远了。

只有"心"好，才能保证"理"正。明代大儒王阳明提出，心即天理。宇宙间万事万物之"理"，和人心之"理"是完全相通的。人心之理就是宇宙之理完美的表现，吾心即宇宙。世界无对错之分，关键是心，心是本源。只要心正了，就能学到正确的"道"。只要真正领会党章的灵魂，把我们的心修正了，就知道怎么为人民服务了，自然会体现在行动中。

问： 在中国近十万建筑企业的行列之中，南通四建无疑是有特色、有影响、有实力的一家。作为驾驭该企业近三十年的老总，能让企业神速发展，一定有您的制胜法宝。

答： 企业能走到今天这个规模，当然不是靠哪一个人。如果要说有什么制胜法宝的话，那就是我们比一般企业在传统优势如艰苦创业、卓越管理之外，还多出坚持科学发展观的优势。

首先是对企业要有一个科学准确的发展定位。什么是企业的科学发展？我认为，第一要义是发展，核心是以人为本，以用为本，关键是创新与和谐。我在南通四建担任领导30多年，从副总到老总，一直坚持在创新中发展。30多年来，我们创新了很多东西，包括管理和思路。在创新中，很多单位都做得很好，像我们的智能化公司，它是在电梯公司的基础上进行创新进入智能这个行业的，是公司新兴的产业，已经上市了。另外，像新疆总部做的一个代建工程，很不容易。我曾专门到新疆，给他们很大的支持，跟他们说这是一个新的发展方向。现在建筑工程项目带资垫资盛行，有的工程做到封顶也只付30%的工程款，还要扣除全部甲供材料，所以现在对于代建项目需求很大。那次我在新疆真正调查研究了一番，发现他们开展代建项目，是真的有所创新。

无论什么行业都要清晰地知道自己的企业在这个行业里要做什么，选择什么样的市场，选择什么样的客户群。南通四建在改制前，国家政策不允许国有企业跨行业经营。南通四建作为建筑企业只能干房建，怎么选择市场成了战略决策问题。公司当时主要以劳务输出为主，因此，当时南通四建的经营战略是选择经济发展比较好、建筑业发展比较好的大市场，如北京、上海、南京和苏锡常这一带。另一方面，南通四建也选择良好的客户群体。作为一个地方企业，要走进北京、上海市场，又是外地企业，在当地会受到一些不公正的待遇，针对这一点，企业选择的主要客户群是外省市在北京、上海投资或是国外在我国投资的项目，因为他们在这些城市也属于外来企业，能够相互理解，在签订合约和经营管理上有共同的观点和利益。

南通四建改制后，自主经营、自主发展。早在2001年，南通四建就开始涉足其他行业，房地产行业成为首选，因为建筑企业做房地产是驾轻就熟、顺理成章的事。董事会研究决定，实施相关行业的多元化战略。但如何多元化经营也有很多的争议，有人认为，要做就做专做精，做本行业中的佼佼者，也有人认为什么赚钱做什么，到底是专业经营好还是综合经营好？我认为，行业发展要有相对的专业人员做支撑，如果只知道某个行业赚钱而盲目地进入，是不科学的。实行多元化要有人力资源的积累、技术的积累，所以，最后董事会决定实施相关多元化战略：做房地产是往前延伸，做物业管理是往后延伸。所以，相关多元化是在现有条件下的多元化，实践证明是成功的。

眼下，要制定一套制度并不难，请个咨询机构设计一套内控体系、一套管理制度就形成了，但是如何去执行是关键。曾经有位经济学家说过："如果我讲的都是真理，是行之有效的话，那我今天就不是教授了，我可以是一个伟大的企业家。我只是在总结别人的经验，告诉你们别人是怎么做的，而不是你能不能这么做。"所以咨询机构在设计企业战略和制度时，是按照理论和书本来的，如果设计的制度不适合企业，很可能会对企业产生副作用，如果很适合企业，那么怎样才能有效执行成为非常重要的事情。

南通四建队伍遍布国内外几十个城市，总部设在南通，如何让这7万人都听指挥？这个问题很关键，企业的制度制定得再好，执行不了就等于零。要提高制度执行力，可以从两个方面来落实：一是提高员工的素质，另一个是制定合理制度。制度的执行关键是让员工能接受，如果员工认为企业制度只是对管理者有利，对员工没有利的话，肯定不认可这种制度的，更不会去执行，他们会想方设法地去逃避制度。但是要让员工认可接受企业的制度，这就要求你不仅要了解企业，更要了解你的员工在想什么、要什么，只有把企业和员工两者的利益统一起来形成共同体，企业制度才能得到顺利实施。

举例说，许多人都认为建筑工人是社会层次较低的职业，如何让工人感到很体面，感觉自己不是社会最底层的人？这是个不容小觑的问题。如果他们住的是黑洞洞、臭烘烘的房间，他们的基本生活都得不到改善，与他们谈什么道德、理想、追求、贡献是不现实的也是无效的。所以要制定一个制度，必须把一个人的自尊心和荣誉感培养起来，只有这样的人才有可能执行制度。

在制定制度前，我曾给工人讲了个故事：扬州有个修脚大师叫陆琴，香港财团的老总请她修脚都是专机接送，修一次脚的费用达到百万元之巨，修脚修到这个程度就不是简单的修脚工了，而是一种信仰，是客户对修脚技艺的信仰。我鼓励员工，无论从事什么行业，都不要自己贱看自己。建筑工人能盖房就很伟大。长城故宫不是中国历史上遗留下来的宝贵建筑财富吗？这些都是建筑工人的杰作。都说建筑是凝固的音乐，建筑师就是艺术家，一群塑造着世界上最美艺术品的艺术家！所以要帮助工人改变其对自己职业的态度，要使广大工人们融入社会，建立与企业共同发展的价值观。换个角度来看，工人们赚钱为了什么？不就是为了改善生活、提高生活品质吗？从这个层面来讲，我们制订的规章制度就是为了解决职工待遇问题、生存问题、环境问题，为职工创造良好的生活环境……你说这样的制度谁不心甘情愿地去执行呢？把企业和员工的荣誉感和价值观统一起来，企业的制度才能最充分地得到实施。

问：如何能在潜力无限的市场机遇中大展身手？

答： 在目前这个大环境不景气的情况之下，我们还要看到许多潜在的机遇。这就必须让我们的视野比竞争对手更广阔、更高远一点。人们往往容易满足现状，陶醉在自己的小世界里沾沾自喜。久而久之思想僵化，止步不前。云南建工、陕西建工、重庆建工、武汉建工等省级建筑公司都到我们公司来考察学习过。后来我回访了几家单位，发现他们也在大踏步前进。其中的原因，除了自身优势，更多是他们敢于拼搏、敢于创新的成果。云南建工与我们来往较多，建立了深厚的友谊，从原董事长纳杰到现任董事长陈文山都是我的好朋友。现在，云南水利、交通等公司与云南建工合并成新的云南建投集团，他们的经营目标都在翻番地增长。

逆水行舟，不进则退。纵观当前发展趋势，单体项目竞争的时代已经成为过去，现在的工程已经是综合城市改造、区域改造、地区性的建设改造这样的系统性工程。比如说海绵城市，是将整个城市进行改造；所有的饮水处理系统等，可能是一个大合同全部拿下。合同金额不再是十亿、八亿，可能是百亿甚至几百亿元，这样的系统性工程已经出现。我们是否拥有了应对这种新潮流的思维，可能需要好好地思考。

再比如智慧化城市，其中的一个子系统人脸识别系统的支付已经实现。购买任何东西，只要刷脸就可以，连手机都不需要了，即使化了妆也都不成问题。现在我们也在开始涉足智慧化城市建设。如集团支持的达海智能公司建设复旦大学智慧化校园项目正在推进，如果这个项目成功，以此为模板去建设智慧化城市是很有说服力的。

我们一定要有时代的敏锐感，要有危机意识，要培养承接类似工程的思维模式。尤其是公司的高管，思想一定要开阔。我们要敏锐感知时代发展的步伐，不能说今年比去年好就可以了，世界的变化太快了，不能总低着头看自己的一亩三分地。现在，我们和央企、国企以及大型企业建立联盟迫在眉睫。我们成立筑材网和南通建筑产业联盟的成果证明，现代企业竞争如果不全方位展开合作，还依靠单打独斗，没有谁能走得出去。现在就需要整合资源、联合发展、抱团发展。做事业要有战略眼光，有格局、有思想。思想的开放、战略的高度和敏锐感知时代发展的步伐，是做事成功的基础，否则难以做成大事业。

面对当今时代发展变化，如果一个企业没有人才的集聚和后备队伍的培养，在今后智能化、智慧化的市场大潮中一定会被淘汰。如何集聚和培养人才？首先，在考核标准上，一定要以能力、技术要求确定岗位。一定的岗位还要有一定的学历相匹配，这不是唯学历论，而是因为学历高的人学习能力相对来说也往往更强。这里还有一个自信问题，优秀的人，到任何地方都很自信，敢于同别人交流，敢于发表自己的见解。我们不能因为这个人听话，唯唯诺诺，就提拔他。这样的人往往是庸才，提上来是会毁了企业的。真正的人才是企业最核心的东西。没有人才，就没有好的设想、战略，更谈不上实施。

问：思想工作说说容易，实际上最难做的恐怕就是思想工作了。心眼儿多，心眼儿活，有一千个人就可能有一万个活络的心眼儿。您是如何将这千千万万个心眼儿和谐到企业发展这同一个频率上来的呢？

答：做员工们的思想工作，切忌讲空洞的大道理。我总是从人心、人性、人情等具体细微的地方入手。用"皮之不存，毛将焉附"的道理去阐述每个人的前途命运都与国家、民族的前途命运紧密相连着，国家好，民族好，老百姓的生活才能更幸福的道理。我将"中国梦"这个大概念，掰开了说给他们听——经济富强中国梦，军事强大中国梦，政治民主中国梦，文化繁荣中国梦，社会和谐中国梦，生态文明中国梦，安居乐业中国梦，病有所医中国梦，学有所教中国梦，法治社会中国梦，人生出彩中国梦。

众所周知，南非是非洲最强、最好的一个国家。我曾经参加政府考察团前去考察，到了南非首都后，领队再三交代："无论如何不要在市中心下车，因为那里治安环境比较复杂，下车很不安全。"意大利一座 15000 平方米的阶梯式、云状造型的影剧院，合同工期为 9 年，但根据当时的施工进度，我判断是无法在规定的合同工期内竣工的。这样的施工速度根本无法与国内相比。在世界著名水城威尼斯，为防止老房子倒塌，用角钢或工字钢加固，有人竟然把它当作是艺术品。2012 年时英国宾馆的电视机是 9 英寸的，宾馆的工作人员为办理 5 个人的退房手续花了近 2 个小时，这种低下的办事效率，在我们国内是不可想象更是不可容忍的。中国现在造水坝、建桥梁、盖摩天大楼、修铁路公路等施工技术和设计水平都是世界顶级的。

我就是用这些看得见摸得的事实来增强我们员工的民族自信，相信自己的祖国和人民有能力建设好自己的国家，有实力跻身世界强国之林，实现中华民族伟大复兴的国家梦。

当然自信心不是全靠"看"出来的，还是靠"感觉"出来的，那就是党的"富民目标"。老百姓不富裕，国家的强大就是无本之木，而民富首先要实现企业的富强。我们齐心奋力把企业经济效益搞上去，继而提高每个员工的收入，让每个员工实现自己的人生价值。

说到人生价值，我们从培养职工的人身尊严入手。对生活没有基本保障，没有生活尊严的人，你跟他谈贡献、谈质量、谈人生价值，是不可能有作用的。所以我们首先要培养他成为一个能正常生活、有尊严、有自信的人，再跟他谈企业发展、质量兴企、科技兴企，那才能有效实施。具体应该怎么做？首先是改善环境，从生活的点点滴滴给予关心。以前我做项目经理的时候，要求职工"空手两拳头"进工地。因为生活用品全部由公司发放，洗衣粉、棉被、床罩、枕头、枕巾、牙膏、牙刷、香皂、洗发膏等一应俱全。包括厕所，我们都放卫生纸，都洒上香水，非常干净。工地食堂从地面到顶棚全部要贴起来，进一只苍蝇负责人都要被罚。食堂师傅必须戴上口罩，穿上白大褂。所有的工人，包括外包工人每天上下午班都有免费加餐，两个包子或者是两个油饼、两个馒头。如果晚上加班超过十点钟，夏天是一人一瓶啤酒，冬天是一人一碗黄酒。这些小小的举动充分体现了我们对一线劳动者的尊重。工程质量跟现场每个人都有关系，包括食堂师傅、门卫。菜烧好了，工人吃得开心，工作也有积极性。菜不好，心里很不舒服，就会存在抵触情绪。情绪不好，就会影响工作，影响工程质量。所以思想工作的基准点要找准。如果一上来就讲大道理、先进性，没有人会理你。但是保证他吃好、穿好，工作生活环境舒适，薪酬准时发放。那对他来讲就是最好的事情。然后你再讲怎么做好，进度怎么保障。

简单来说，就是充分尊重，让对方感到有尊严了，然后再谈道理、理想、质量，那才有可能。只有这样，才能让每个人都切身感觉到，做一个"四建"人真好！做一个中国人真好！

问：一个企业从某个角度看，也与人相似，是有生命周期的，也会生老病死。如何让企业永葆活力，业界似乎有一剂通行的"灵药"，那就是适时地转型升级。容颜不老的"四建"，在这方面做了些什么？

答：是的。为企业进行转型升级确实能让企业永葆活力。当然这取决于企业掌舵人的眼光和胸襟。实际上"升级"应该在"转型"之前。试想，如果没有技术和管理水平的升级，要想成功转型那是不可想象的。

南通建筑业的开始，是第一代扎实的工人前辈真正勤劳苦干出来的。到了 20 世纪 90 年代，我们从一个县集体企业慢慢发展成为全民性质的大型建筑企业。到了 21 世纪，我们发现现在的建筑企业的竞争力不再是主要依靠吃苦耐劳、艰苦奋斗，而是主要依靠品牌和管理。这么多年我们建立了自己的品牌，拿了很多鲁班奖，建了很多经典工程，我们管理的精细程度，远远高于许多其他公司。所以说，过去我们依靠艰苦奋斗、省吃俭用起家求发展，现在我们要做的是品牌和管理输出，利用外地劳务来为我们服务。我们南通很多大建筑企业都是用的外地员工，有的甚至达到三分之二以上，因为南通现在从事瓦工和木工的年轻人已经很少了。但是我们的品牌建立了，南通人在外做的工程已有了很好的口碑。另一方面，新的发展趋势无时无刻不在变化。我国这两年大力发展超高层、地铁、高铁、隧道、大桥、机场、码头等大型建筑。我们的大型企业特别是国有企业，中建总、中铁建、上海建工等通过上市募集到大量资金，他们有上市的资本加上人才储备优势让他们的发展一日千里。以前南通四建在上海承建江苏大厦的时候，上海建工也只能做这样的工程。可是现在不一样，隧道、超高层等建筑他们都干得得心应手。而我们还在缓慢前进，无法站在技术的前沿。有一次我和中建总的技术负责人聊天，说到现在很多单位投超高层，先咨询中建总这个设计能不能做起来？规范有没有？他说承建超级工程非中建莫属，这是技术垄断。作为施工单位能够影响到业主、设计院，甚至能够影响到国标的制定。大型企业充分利用他们的技术优势，从设计、立项就开始施加影响。充分运用 BIM 技术或者 3D 技术，使用了很多全世界领先的工艺。所以在这一轮发展中，如果我们赶不上这趟车的话，就会变成二流甚至三流的建筑企业，变成一个打工队伍，因为没有了核心竞争力。

核心竞争能力就是技术和人才。我个人认为我们江苏的建筑企业，在目前竞争环境还可以的时候，应该大力加强技术投入。南通四建怎么做？我们集中公司所有力量搏一些大的项目，从研发端就开始投入，跟高校深入合作。其实高校也有很强的意愿寻求合作企业。因为中建、中铁建的团队能力现在已经强于高校。20 世纪 80 年代出来的大学生，到哪个单位都是栋梁，都是骨干，因为那时候的教材都是外国编的，那些房子在国外一百年前已经造好了，已经总结好了写成书，学校里学到的东西拿去应用绰绰有余。而今天我们有高铁，全世界领先的世界第一长的大桥，有很多的超大工程实践，还没有总结到教科书里去，变成理论体系让学生去学，现实的发展远远超过了大学教材里规定的教学内容。大学只能学点基础，然后到企业去培训，几年以后才能上岗，这是很正常的。所以不是大学生无用，而是社会发展太快。在公司层面，我们想集中全部资源做一两个超高层大项目，不是为了赚钱，哪怕贴钱，哪怕给优惠条件，垫资，我们都要做，因为我们需要通过一个大工程来锻炼、培养人才，来提高技术管理水平，跟上社会发展的需要。

第二个是实体企业和资本的结合，这是必由之路。实体和资本的结合，往往会迸发出惊人的力量。中建总上市之后募集了几百亿的资金，支撑了其快速发展。而我们主要靠贷款，如果没有资本支撑实业，怎么能挣钱呢？资本运作现在有好多办法，做 PPP，做 BOT，还有做基金公司，通过资金杠杆来解决问题。

现在我们公司又成立了基金公司，然后去寻找好项目，让大家来投，实行项目股份制，这也是升级的一部分。通过上市募资，通过私募基金募资、银行贷款等方法筹集资金，实体企业和资本的有机结合才能使企业做得更大，走得更远，甚至用资本来换取一些市场，换取一些资质。我们现在做一些低成本的扩张、兼并，已经收购了一个电梯厂，还在和一些公司谈判，通过这些低成本的快速扩张，把市政升一级，水利升一级，地基与基础升一级，用社会资源整合的方法来进行转型升级。

问： 互联网与建筑业本来似乎隔了十万八千里，风马牛不相及。而您却敏锐地看到了两者的关联和商机。说说其中的玄义？

答： 一个企业老总眼光的远近，关联到企业所能企及的高度。互联网是个新生事物，我对于一切新的东西都感兴趣，对它由关注到研究，也有了一些收获。

互联网是一条条链和一张张网。互联网时代要求集团必须突破以往"单打独斗、单点突破"的发展模式，以链状和网状的思维推进业务的发展。

互联网从某种意义上来讲，是一个基础设施，像读书人的一本字典，像国家建设的公路、铁路一样，它虽然仅仅是提供一个通道，但它可以改变很多人的思维模式和生活习惯。

一个思路就是一片阳光。创新、创意在互联网时代显得尤为重要。企业决策者要懂得，过去造就富翁的行业是房地产业，现在造就富翁的是互联网行业，未来造就富翁的将是人工智能业。

信息技术指数级增长，云网端成为新基础设施，平台经济主导新商业生态，大数据潜力加速释放，大众创新不断涌现，大规模协作走向主流，互联网经济体崛起，互联网跨界渗透，引发了社会各界的关注与讨论。

在互联网时代，生活方式发生重大改变。我们要具有互联网思维，互联网思维的核心是"四大"，即大数据、大整合、大融合和大视野。互联网思维首先是大数据思维。现在所谓的信息时代、新常态、工业4.0、中国制造2025，都是建立在互联网时代这个基础上的，互联网时代又是建立在大数据时代的基础上。什么叫大数据？社会发展到今天这个时代，我们生活的方方面面都已经数据化了。银行存款只是一个数据，一个密码，财富已经数据化了。吃穿住用行都已经数字化了，所有人都生活在数据里面。进入大数据时代必须要达到三个基本特点，首先就是数据的搜集和传输能力，通过互联网、数据中心和大型计算机的搜集、数据分析能力，把所有的数据连成网络，形成真正的互联网，这是大数据时代的基础。互联网搜集的数据能够储存起来，也是非常重要的，数据能否储存是大数据时代的第二个特征。第三个特征就是利用计算机和互联网，发掘对我们有用的东西。大数据时代的到来，也就意味着互联网时代的到来，它改变了传统工艺、思维方法和工作习惯。

互联网思维是大整合思维。移动互联网环境下，跨界整合已成基本趋势，并且突破了国家、地区和时间的限制。大数据是一个基础，有了大数据，有了互联网，通过分析去整合资源为我所用，这就是企业发展的根本。企业发展从根本上来讲是整合资源的能力。这个世界上资源到处都有，关键是你有没有能力把它整合起来为己所用。大专院校培养的人才，全世界的工厂，所有银行里的钱，只要你有足够的能力和胸怀，都可以整合到自己的企业，为我所用。整合资源还要与企业相匹配，不能好高骛远。企业发展到什么水平，整合能力就有多大。资源整合并不难，现在银行和企业之间、企业和企业之间也在整合。我们公司做的智能楼宇维保其实就是一种资源的整合。现在企业联合会、企业商会实际上也是一种整合。南通市 17 家特级企业如果联合在一块对外竞争，力量将是非常大的。我们的家纺企业完全也可以整合资源，做自己个性化的东西，细化市场，细化客户，实现市场和顾客的全覆盖。

互联网思维是大融合思维。互联网正猛烈冲击着传统产业，传统产业面临全面颠覆。现在行业和知识的壁垒和界限已经被打破，你中有我，我中有你，传统企业与现代企业可以实现完美融合，跨界融合成为当今发展的必然趋势。

我在复旦读 EMBA 的时候有两个很好的同学，有一个是做网络游戏的，开发的游戏叫大唐风云，另一个是做牛肉干的。有一次在喝酒的时候他们碰撞出一个点子出来，也是很经典的一个跨界融合。玩游戏的人都知道，过了关后会奖励东西。做绿色牛肉干的这位同学说："掉这些东西没意思，你能不能掉个牛肉干下来？"做游戏的同学说："这个不是不可以啊，我可以设计的。不过我设计添加了以后，你给我什么回报呢？"做牛肉干的同学说："我可以在牛肉干的包装袋上印刷大唐风云的卡通人物，为网游做广告。"于是两个风马牛不相及的企业走到一起，实现了双赢。这就是基于互联网的一种融合思维，也是跨界融合的经典案例。

互联网思维是大视野思维。在互联网时代下，胸怀要宽广，创新思维模式，具有全球化视野。传统意义上企业所需的人才、资本、技术等资源，大都局限在企业所在区域、民族和国家当中，互联网技术的发展帮助企业突破时间、空间和地域限制。华为客服中心可以按时区分布全球各地；海尔研发机构可以设立在纽约等。资本也可以全球流通，中国的企业可以在美国、新加坡上市，中国的银行可以开到世界各地，为全球提供金融服务。这种视野才会把企业真正变成一个世界型的企业。

企业要发展，关键营运模式要合理，找到适合自身的盈利模式。做企业，一定要明白产品的盈利能力、盈利模式和核心竞争力。淘宝网成功的关键是马云创建了一个平台运营模式，它给电商提供一个平台。阿里巴巴盈利模式的核心不是靠销售和交易，支付宝是他成功的关键，解决了网购诚信和信任的问题，而且支付宝里的钱沉淀在资金池里，成为支撑阿里巴巴的运作的重要支柱。另外，大量的广告投放到淘宝和天猫，投放广告是要收费的。

每个商业模式的产生，每个人的成功，背后一定有他的道理。沃尔玛的商业模式成功在于它的超市经营模式。沃尔玛是大型的零售供应商，它是一个平台，仅提供货架，不是买来东西再卖产品。这种经营模式解决了两个问题，一是商店没有了经营压力，成为一个品牌，在产品进货时，角色变成一个监督者，卖产品时抽取一定的管理费，这就是沃尔玛经营模式的特点。这样，将工厂与顾客直接面对面，工厂能直接了解顾客的需求，能不断更新产品结构。同时商品实现全线流通，异地销售，解决了产品滞销的问题。这一模式的创新把生产者、消费者和百货公司全部盘活了。

现在有商品交流市场、技术交流市场，还有很多像谷歌、百度这样能够提供丰富资源、资讯的互联网网站，所有这些能很好地为我所用的话，我们在互联网时代就不会被淘汰。

问： 当今全球已进入了信息化时代、大数据时代，企业家如何能及时、快捷、准确地捕捉各种有用、合理的信息，为我可用，为我所用？

答： 作为一个眼光高远、思维敏捷的企业家，对如浪扑面的各类信息潮，确实必须具有去伪存真、综合分析的能力，建立起一条完整智慧化的信息链，最终为我所用。

随着技术的进步，信息量迅猛增加。海量数据的收集、储存和分析利用，已然成为当今数字商业时代的基本特征。其中大数据的应用也为企业发展提供了创新思维。它完全可以广泛应用在企业发展战略制定、投资项目可行性分析等商业活动中，帮助企业在激烈的市场竞争中赢得先机。

其实信息化并不神秘。中国对数字化的应用已经有8000多年的历史。伏羲时代的八卦是数字化应用最早的实践，中国也因此成为世界上最早进行二进制应用的国家，而近代西方人发明的电报，则是数字化应用的典型。现代技术发展使得全时段数据收集能力大大增强，在海量数据储存的基础上，通过云平台、云计算，对碎片化信息、非结构化信息进行分析、处理。这种通过连续不断归集，经由互联网存储、汇集，进行分析处理和数据应用，即为大数据。

然而眼下的海量信息中也是鱼龙混杂，各种需要的不需要的、无效的信息，也都伴随着信息爆炸而泥沙俱下，致使真正有价值的信息被大量无效信息所淹没。我们要想从浩如烟海的信息海洋中迅速而准确地获取自己最需要的信息，变得非常困难。对于企业领导者来说，每天要处理的信息极大地超过自身分析能力，妨碍了决策效率，甚至导致决策失误或是难以做出最佳决策。如何解开这个难题，是我们企业家必须面对的。

信息是经济活动中的向导和纽带。任何现代企业都不可能孤立存在，需要与社会经济环境和市场发展变化相协调，才能获得持续、稳定、高速的发展。我认为信息和资本、能源一样，都是为企业输入活力的"能量包"。

市场竞争非常激烈，市场变化纷繁复杂，哪个企业最快、最全面、最可靠地掌握市场的供求及其变化趋势的信息，能否快速、大量、高效地开发利用信息资源，是企业发展水平的重要标志之一。随着市场经济的不断发展，市场信息日益成为生产力、竞争力和企业兴衰的关键因素。

信息能够赋予企业管理者以能力、智慧和知识。企业家所有的谈判、投资决策都是建立在了解信息的基础上。及时、准确、真实的信息是企业家不可或缺的重要资源，是一切决策的基础依据和重要支撑。所谓"运筹帷幄之中，决胜千里之外"，运筹帷幄靠的就是大量信息的获取。古语云"知己知彼，百战不殆"，做到知彼，正需要摸清对方的有效信息。对于企业家而言，信息的重要性不亚于人财物等资源。及时、快捷、准确地捕捉各种有用、合理的信息，在企业家决策中的作用是根本的、基础性的、资源性的。对企业家而言，信息主要分为内部信息和外部信息两大类。外部信息包括企业与原料产区间，企业与产品销售地间，企业在国际市场中的地位的信息，企业在行业内的信息材料、技术等方面的信息。内部信息包括企业内部的经营、财务、科技、设备、人事、机械、法务、质量安全等各方面管理的信息，也包括企业的时间信息（以往、现在的信息来预见相关行业的发展变化趋势，也可以预测企业自己的未来）。企业家必须将这些吸纳的信息去粗取精、去伪存真，综合分析互相之间的逻辑关系，进行科学筛选和优化，从而建立及时、准确、真实的信息库，形成完整、科学的决策系统，最终建立起完整、智慧化的信息链，是进行科学决策的必然选择。

在战场上，熟练运用数据链能使现代战争的战力倍增。数据链是将数字化战场指挥中心、指挥所、参战部队和武器平台链接起来的信息处理、交换和分发系统。现代战争通过数据链技术及其相关技术，可将信息获取、信息传递、信息存贮、信息处理、信息分发、预警探测、电子对抗等信息系统紧密连接在一起，构成立体分布、纵横交错的信息平台。它就像"战争巨人"的神经系统，使得单独的、孤立的武器单元联结起来，形成巨大的战争网络口，最大限度发挥武器的系统优势，数据链已经成为三军联合作战中进行实时或近实时指挥控制、战场态势信息分发的主要手段。

同理，企业家在做出决策时，需要密切注视市场信息变化，重视信息反馈，建立智慧化的"信息链"，以便及时修正补充原有决策的不足和失误，只有这样，才能使企业沿着正确的发展轨道前进，最终实现跨越式发展。企业家密切注视竞争对手、市场供求信息，以及国家新出台的方针、政策和举措的信息，及时调整企业发展思路，采取必要措施，充分发挥企业潜在生产力的能力，形成新的现实生产力。

问：随着智能化信息技术的迅猛发展和社会机构智能化技术的广泛应用，为社会机构提供智能化科技服务，已成为一种全新的服务领域和一种新的服务业态。您嗅到了其中的"商机"吗？

答：是的，我们早就布局，稳步实施了。近几年，我们积极发展建筑施工主业的同时，先后成立了智能公司、电梯公司、检测公司等一系列专业子公司，大力发展装饰业、楼宇智能化、机电及电梯安装维修业及建筑工程质量检测等，构建主业上下游的产业集群优势。这些公司发展态势良好，已具备了人才、技术等方面优势，积累了较为丰富的管理经验，为参与智能化社会建设准备了必要的条件。我们成立科技服务公司，把为社会机构智能设备的安装、维保等技术层面的、零星的、分散的服务变为全面的、系统的、长期的科技服务，创建一个全新的服务业。将来我们可以服务的对象不仅仅是行政办公系统，还包括一大批房产商开发的楼盘，也包括一些商务中心大楼、宾馆、学校和一些社会的办公大楼等。由此可见，科技服务业的拓展领域空前宽广，发展前景极为广阔。

目前代表全球建筑发展方向的是智能建筑。公司抓住信息化、智能化的时代机遇，认真分析智能化工程服务现状和楼宇设备及运营管理现状，创建了楼宇智能科技服务业。这种为社会机构提供智能服务的新型商业模式具有广阔的发展空间和巨大的发展潜力，是可以无限复制的，也是企业长久发展的方向。它专门为社会机构提供科技服务，是一项全新的服务领域和一种新型的服务业态，有着不可限量的发展空间及发掘潜力。公司成立的智能公司、电梯公司等专业子公司，经过多年发展，已经积聚起良好的人才、技术等方面的储备，规模日趋强大。公司根据现代服务业发展的需要，创新经营理念，调整经营模式，以智能公司为依托成立了科技服务公司，寻求新的利润增长点，开创了一个新的商业模式。公司通过设立能源科技服务部，将社会机构的设备管理、能源管理、科技服务纳入经营范畴，实施楼宇运营管理，并把为楼宇智能设备的安装、维保等技术层面的服务，升级为全面而系统的科技服务。此项工作已经展开，成功实施的项目有集团公司新办公大楼——祥云楼、人民银行上海分行、上海曼氏香精厂。现在公司的楼宇智能科技服务、楼宇运营管理、电梯维保等已形成了自己的优势，业务成效逐渐明显。目前楼宇智能服务业还没有统一的量化标准，要想树立优势，做大、做强和做久这一行业，需要积极参加标准制订，力争主编全国标准。

节能服务公司也是我们应对新市场、新业态放出的"大招儿"之一。现在正在加强服务创新，加强人才培养，加强技术研发，加强品牌建设，不断提高综合实力和市场竞争力。紫金山大酒店、上海虹桥机场浦华酒店等项目已经成功实施能源管理业务。

问：俗话说，光说不练"嘴把式"，光练不说"傻把式"，又说又练"真把式"。那您在信息化的"说"和"练"方面用了哪些"真把式"呢？

答：当前，建筑企业信息化技术已被列为建设部建筑业十项新技术之一。同时住建部针对建设行业信息化的发展，出台了全国建筑业信息化发展规划纲要，建筑业的信息化已成为所有建筑集团必须重视的课题。南通四建顺应信息化大潮，做了大量的投入，在项目管理、财务系统、材料系统、经营系统信息化管理等方面做了一些实践。

我们首先推进了建筑物内部管理的信息化创新。公司建立起楼宇管理的智能云服务管理平台，对机场、宾馆、学校、医院等建筑的设备进行运营和管理。通过自行开发的局部物联网，在总控室就可以观察电压、电流、水压等数据，通过数据采集来分析整个设备的运营状况，保证大楼的空调、音响、会议、消防等系统正常运行。公司已经在上海虹桥机场、上海中科院物理所等大学院所公共建筑成功实施了设备运营和管理。公司开发了云平台管理软件，先后应用于万达30多个商场。

其次是推进项目管理信息化。公司正在开发动态 BIM 系统，把施工管理理念（如模板支设、脚手架支设方法等）与其他关键设备系统连在一块，形成动态 BIM，实现施工过程全方位的管理控制。在测量系统的控制、位移方面，如在基坑施工时出现位移，在办公室就能得到报警。假如建筑外形有位移，都能通过几个系统的校正及时发现出来。

再有就是实现信息资源共享。南通四建与八家企业联合发起成立江苏足财电子商务公司，搭建了"筑材网"建筑材料采购平台，形成采购联盟。这我将会在后面专门地阐述。

因此，企业信息化一定要评估应用信息化手段，不管投入什么样的软硬件、人力物力，一定要以结果为导向。南通四建在信息化建设过程中一直在跟踪、分析和思考，始终认为不能为了信息化而信息化，最根本的是信息和信息化要能为企业和企业家所用。

问：20世纪60年代开始，美国人就提出了"生态建筑"理念，到了
    90年代，"绿色建筑标准"在英国发布。我国从2004年9月启动
    "全国绿色建筑创新奖"，你们在这方面是如何取得创新突破的？

答：不管是生态建筑，还是绿色建筑，我们国家其实老早就关注了。
    环保、节能从20个世纪七八十年代就已受到人们的普遍关注。
    随着经济社会的不断发展，环境污染问题日益严峻，建筑活动造
    成的污染也逐渐被重视，随着人们对生活环境和品质追求的提
    高，环保、节能、减排已成为全世界共同关注的话题。绿色建筑
    是能源节约和环境保护的重要组成部分，也就成为行业最高目
    标。发展绿色建筑成为全民重要呼声。根据国务院2012年一号
    文件，"十二五"期间，我国要发展超过10亿平方米的绿色建
    筑。从这几年发展的趋势来看，越来越多的企业都已在认真地推
    行绿色建筑。绿色建筑是以人为本、科学发展观的综合体现，发
    展绿色建筑关乎全民福祉。通州作为"建筑强县区""中国建筑
    之乡"，推行绿色建筑理应走在前列。

    我们的理念是：紧跟时代，抱团发展，技术先行。具体做法
    是：我们公司牵头，联合通州建总、新华公司、通州四建等本地
    优质建筑企业和区政府、高新区共同发起成立江苏通创现代建筑
    产业技术研究院。绿色建筑研究院已于2013年7月正式挂牌。研
    究院致力于建筑的全生命周期的研究和探索，从建筑的规划、环
    境评估、设计，施工，新能源应用，节能减排，建筑工业化、产
    业化、智能化，运营和维护，社会人文关系的协调，甚至最终拆
    除等各个阶段的研究。研究院是一个开放式的研究机构，它作为

一个组织者，通过整合政府、企业、科研机构和高等院校等资源，发挥各方优势，成立各种专业研发机构，围绕绿色建筑这个核心主题展开工作，为建筑物全生命周期绿色事业提供技术支撑，形成成套产业技术体系，最终形成国家级规范、规程，为南通、江苏乃至中国建筑业的发展提供服务，推动建筑业的健康发展。

问： 常言道，资金是企业的血液。一个企业一旦缺少资金的流动，就像人缺少血液一样，会逐渐衰弱直至消亡。四处"求爷爷告奶奶"地去找钱似乎成了企业老板的工作常态。而您却说："融资是艺术"，将融资"玩"成了艺术，那是相当需要底气的。

答： 我常说融资是技术也是艺术。这就好比在一场没有硝烟的战场上调兵遣将，调多少、从何处调、何时调到位，这些实战能力光读兵书是不行的，还需要不断综合运用才能驾驭自如。

如何突破资金瓶颈，推进企业健康有序的发展，是企业工作的重中之重。为了满足施工生产的需求，南通四建施展出"八爪鱼"的功夫，大力开拓融资渠道，采取多种融资方式，进行多方融资。

增加注册资本，吸收股东投资。股东投资有利于增强企业信誉，降低财务风险，增加公司偿债能力。公司改制初期，注册资本仅 1.01 亿元，随着公司规模的不断扩大，公司发动职工投股，达到现在的 10.08 亿元。

与银行建立良好的信贷合作关系，积极利用银行的信贷资金。我公司改制初期，因为经营思路比较保守，讲究稳健经营，大额垫资工程基本不考虑，所以公司基本未向银行贷款。2004年开始，随着建筑市场的竞争越来越激烈，公司董事会调整经营思路，与银行建立良好的合作关系，贷款额度逐年增加，中国建设银行、中国工商银行、中国银行等多家银行给公司授信额度达到90亿元，大大提高了公司承接任务的能力，公司的生产经营规模不断扩大。

对内部职工进行融资。内部集资有几方面优势，首先，职工有需求，现在银行存款利率普遍偏低，对内部职工进行集资，可以将支付给银行的利息支付给职工，为职工提高投资收益。其次，办理手续比银行贷款方便灵活，不需要办理担保、审批手续。

充分利用商业信用。商业信用是指商品交易中的延期付款或延期交货所形成的借贷关系，是企业间的一种直接信用关系。南通四建一直坚持经营以诚信为本，在全国各地建立了良好的信用体系。各地材料供应商都愿意与南通四建建立合作关系，公司能从这些供应商处赊购到大量的材料，这样大大缓解了公司的资金压力。另外，公司良好的信誉也获得公司最大的钢材供应商和中国建设银行上海分行的信任，该钢材供应商同意接收我公司开具的商业承兑汇票，商业承兑汇票是公司直接开具给材料供应商的一种支付凭证，不需要到银行办理，简单灵活，而且不占用企业信贷指标，而钢材供应商可以凭借我们的商业承兑汇票在中国建设银行上海支行进行贴现。

建立风险承包机制，收取风险抵押金。公司改制以来，对基层单位均采取内部经济责任承包机制，为了对承包者有所约束，要求每个承包者交纳一定数量的风险抵押金，虽然数量不是非常大，因为每个单位基本是连续承包，该笔资金基本是公司的固定资金，可以连续使用，而且仅需支付银行同期贷款利息。

充分利用各银行账户的沉淀资金，提高货币资金的使用效率。由于公司施工地遍布全国各地，各项目部所开设的银行账户多达200多个，且每个账户都需留有一定的铺底资金，这样对公司整体而言，将是一笔不菲的资金。为了提高沉淀资金的利用率，公司财务部对各单位建立内部银行核算体系，公司与建设银行、中国银行、工商银行建立了网上银行结算平台，将全国各地的银行账户全部联网，实时归集资金集中到财务部，可将银行账户的沉淀资金集中起来，提高了资金使用效率。

建立法人透支账户。由于公司连续十多年被中国建设银行和工商银行评定为AAA级信用单位，中国建设银行和工商银行授权通州支行为公司建立法人透支账户。该账户的建立，等于公司有一笔随时可以调用的资金，该笔资金可以随用随还，灵活方便。

以上几个方面的融资，为公司提供了充足的资金保障。但是仅仅做好以上工作还远远不够，因为公司最主要的资金来源是工程款的收取，所以，要使公司能健康平稳的发展，还必须在工程款收取工作中做到"三控制"。

事前控制。主要体现在合同的签订过程中，在与建设单位签订合同时，要将收款时间尽量提前，如需垫资，垫资额度和垫资时间均要在合同中注明，资金占用的利息也要单独注明或在合同价款中体现，工程款的结算时间、方式以及决算的审定时限等要在合同中作详细说明，使得收款有理有据，以免执行时互相扯皮。

事中控制。在合同的执行过程中，首先要根据合同要求完成本身的合同义务，不能违约。其次是根据合同规定及时足额申报所完成的工作量，提供收款依据。最后要积极收取工程款，到合同规定的收款时间，要派专人负责收取工程款，对方如果不能及时付款，要积极采取有效措施。

事后控制。工程完工，要派相关决算人员及时与对方进行决算，抓紧时间，尽快审计工程决算，如遇建设单位恶意拖延决算时间的，要充分利用法律武器。工程结束，根据合同规定，一般要保留 3%~5% 的工程保修金，该保修金的支付时间一般要到 1~5 年之后，由于时间跨度长，而且还存在对工程的保修义务，所以，要派专人负责对该笔款项的管理，主要是做好工程维修工作，提高服务质量。如有可能，可以根据国际通行做法，与对方协商，开具工程保修保函，将所剩余资金提前收回。

问： 运用大整合思维充分利用资本市场杠杆，来撬动集团产业经营承载力，似乎是您的又一大手笔。

答： 这要从 2014 年 8 月，集团子公司达海智能成功在新三板挂牌上市说起，2014 年 1 月，IPO 发行工作重新启动。公司迅速反应，紧紧抓住难得的重启机遇，推动达海智能公司于 2014 年 8 月 18 日成功在全国股份转让系统挂牌上市，完成了华丽转身，迈向了可利用资源丰富、发展前景广阔的资本证券化市场。达海智能公司成为通州区第一家、南通地区第二家建筑业上市企业，也是南通地区第二家、市区第一家新三板挂牌企业。

达海智能的上市是公司后续发展中的一个里程碑。它让我们一跃成为"公众"企业，迫使我们从业务发展的"自娱自乐"转变到放到行业中"被比较"。以往我们可以说，自己做得怎么好，现在不能只靠自己说，更要靠市场的检验，股民会投票，这对公司经营更加是一种"硬约束"。另一方面，达海智能的成功上市为集团发展提供了一个更宽阔的平台。通过上市，我们能够利用社会资金，通过资本杠杆，撬动资金运用，集中力量办大事。

企业上市后，拓宽了融资渠道，让资金流转更有活力，迅速扩大经营规模，把公司做大。企业上市后成为公众公司，扩大了企业品牌知名度，会吸引和聘请到更多的优秀人才加入公司，提升企业核心竞争力。企业上市后调动起企业高管和员工的工作积极性，完善了资本结构，优化内控制度、公司治理制度和股权激励制度，促进公司规范发展。

随着资本市场的回暖，集团还将增强资本运作能力，加快推进达海智能的转板工作，增强融资能力，提高融资规模。围绕主营业务进行并购，实现专业化的整合。针对智能公司业务市场，在产业链上进行整合，探讨以资本为纽带的多种整合方式，可以是并购，也可以参股或者控股，实现产业链的延伸，打造集团全产业链的竞争能力。智能公司有三大业务板块，我们着力推进它们按专业化的要求去进行重组整合，形成合力。

运用上市企业的平台，可形成人才聚集效应。目前智能公司人才结构已经得到优化，人才规模也有较大增加。我们运用现代化的公共媒体和新媒体资源，建立引进人才的各种管道，使公司发展急需的人才能够被公司找到。

从四建到达海

本节金句

存钱不要将鸡蛋放在同一个篮子里，生钱也不能盯着一个篮子孵小鸡。对于企业多元化发展，既要对可行性拓展渠道嗅觉敏感，又不能见宝就押，盲目扩张。既要大胆设想，又得小心论证。只有这样，才能在各个篮子里孵出漂亮健康的小鸡。

鸡蛋不能放在同一个篮子里，又要看好每一只篮子不被人拎走，这确实是个令人挠头的难题。经过深思熟虑，走集团化战略的路子在我心中渐渐明晰，它的核心就是实行母子公司体系。

制度的好坏直接影响到员工的忠诚度，一个好的制度，能够把不忠诚的人变得忠诚；一个不好的制度也能够使忠诚化为不忠。设计制度必须能够充分引导、激励员工，不断提升对企业的忠诚度。

改革的目的是为了更好地发展。我的理念是：改革后的企业要向四个"维度"发展——深度、厚度、广度、宽度。所谓深度，即产业链的不断挖掘。所谓厚度，即创优能力和经营水平的不断提升。所谓广度，即市场规模的不断扩大。所谓宽度，即职工实际收入的成倍增长。

我们还要顺应时代，能敏锐地感受社会的脉动。现在的社会已经进入智能化信息化的时代，如果我们还在老圈圈里埋头苦干，忙得不亦乐乎，认为自己很有本事，那早晚要被社会和时代淘汰。

问： 如果说存钱不要将鸡蛋放在同一个篮子里，那么生钱是不是也要在多个篮子里孵小鸡呢？

答： 宏观大势告诉我们，公司发展没有固定模式，是全方位、多元化的。

作为传统建筑企业，南通四建以建筑和安装经营的运行模式已经走过 60 个年头。做强、做优企业，势在必行。为规避行业壁垒和改变单一的经营模式，我的思路是实施集团化和多元化战略，以此突破发展瓶颈，提升发展品质。

几年前，我就从"十二五"规划实施区域发展的总体战略中察觉到，国家将推进现代综合运输体系建设，发展高速铁路，加强省际通道和国、省干线公路建设，建成国家快速铁路网和高速公路网。所以，铁路建设将是"十二五"规划中最大的一个亮点。面对高铁时代的来临，我要求相关公司及时抓住时代机遇，通过多种形式，提早进入高铁施工领域，赢得发展先机。同时，公司尽力拓宽基础设施和社会公用事业领域，市政、道桥、电力、水利等基础设施也是公司重点关注的领域。公司想方设法升级道桥、公路和铁路资质，获取独立主营资质，专门承接道路、桥梁、公路及铁路工程。

从"十二五"开始，一直延续到现在，国家加大了保障性安居工程建设力度，发展公共租赁住房，增加中低收入居民住房供给。所以我觉得，增加中低收入居民住房供给这是一个新信号，也是一个千载难逢的机遇。于是，我果断提出了大力进军保障性住房领域的发展战略。虽然保障性住房体系在三线城市走入市场经济轨道有一个过程，但在上海等一线城市已经开始成熟。充分利用政策优势、政府资源和社会资源，千方百计进入保障性住房

领域，坚定承担起企业和企业家的社会责任，把投资增长更多地
与扩消费、惠民生结合起来，提高居民生活水平，这是我们这几
年的一个努力方向。

面对江苏沿海开发建设正在如火如荼地进行的情况，我又提
出了要全面融入江苏沿海开发的发展战略。公司充分研究南通实
际，力争在新能源使用、滩涂围垦等方面有所作为，为公司培育
新的经济增长点。

作为南通建筑业商会会长，我推崇合作共赢的理念，一直
设想把南通所有特级资质企业联合起来，组成一个"经济联合
体"，充分发挥整体优势，在千里江苏海岸线这个广阔历史舞台
上大展宏图。2017 年在市委市政府倡议及推动下，成立了南通建
筑产业联盟，产业联盟涵盖建筑企业及上下游建筑相关企业及银
行基金管理公司。我被推举为首届理事会执行理事长。这一载体
和平台将会结合南通优质资源，为提升南通建筑品牌做出贡献。

总之，对于企业多元化发展，既要对可行性拓展渠道嗅觉敏
感，又不能见宝就押，盲目扩张。既要大胆设想，又得小心论证。
存钱不要将鸡蛋放在同一个篮子里，生钱也不能盯着一个篮子里
孵小鸡。只有这样，才能在各个篮子里孵出漂亮健康的小鸡。

问：企业的规模扩到一定程度，市场拓到一定领域，总量上到一定层
次，必然会给企业带来新的问题和矛盾，譬如：遇到地方保护和行
业壁垒、内部调控难度加大、管理间距拉长、经营承包模式单一、
经济激励后劲不足、人才总量档次不高等问题。针对这些问题，您
是如何率领管理精英们，去破解这些制约企业发展的瓶颈的？

答： 我常说，鸡蛋不能放在同一个篮子里，又要看好每一只篮子不被人拎走，这确实是个令人挠头的难题。经过深思熟虑，走集团化战略的路子在我心中渐渐明晰。它的核心就是实行母子公司体系。母子公司都是独立的法人实体，母公司以投资者的身份对所属子公司进行控股，各子公司实行独立经营、独立核算、自负盈亏，母子公司之间以资产为纽带，实行资本运作。

实践证明，作为建筑企业，实行集团化战略有两个好处：一是母子公司之间以资产为纽带，母公司可以不依托产业经营，通过资本运作的方式就能将企业做强做大；二是由于各子公司实行独立经营、独立核算、独立发展，互相的关联性较小，所以企业能有效地避免因某些方面的失利而给全局带来的负面影响。

我的这种"放权"，令许多人都为我捏了一把汗，担心"失控"或越来越不好管，更担心将来四分五裂、独立门户，削弱集团优势，而我则坚定地认为，任何创新，走别人没有走过的路都是有风险的，但只要我们把视野放宽放远，放手一搏，就能实现突破！

2006 年，我又进一步推出"差异性发展，区别化经营"的发展思路，以二次改制为轴心，创造条件成立了独立法人的地区子公司，要求企业真正融入当地市场，实现企业的城市化、区域化。地区子公司的建立，不但缩短了管理半径，降低了管理成本，而且让企业的一部分员工走出去，使他们与其所在地融为一体，成为其中的一分子。

在构建母子公司体系的过程中，我也清醒地注意和避免了一些问题。由于各子公司都独立经营，母公司对子公司的控制力可能有所削弱，同时为了保证企业的集团化战略顺利有效的实施，就需要母公司保持对子公司的控股地位不动摇，进而正确行使出资人职能，全力做好总体规划、重要决策、投资管理、监督服务等工作。

企业的良性发展，需要一个良性循环。达到这个循环，离不开一个良性机制。实施集团化经营战略的南通四建更迫切地需要这样一种良好机制。制度的好坏直接影响到员工的忠诚度，一个好的制度，能够把不忠诚的人变得忠诚，一个不好的制度也能够使忠诚化为不忠。制度的设计，必须能够充分引导、激励员工，不断提升其对企业的忠诚度。

企业改制后，企业高层又对薪酬制度进行了一系列的改革。在处理前方分公司与集团公司的分成比例时，最大限度地向前方倾斜，承包超额部分后方与前方实行 2:8 或 3:7 分成，前方积极性得到充分调动。

通过建立科学的绩效考评体系，合理、客观地评价每个员工的工作实绩，把薪酬与个人绩效紧密联系，既体现"绩效优先"的分配理念，又实现了员工对自身价值和价值观的满足，每个员工在企业享受到平等的待遇。同时，还通过目标激励、荣誉激励等多种形式，激发了员工的工作积极性和主动性，员工的工作态度、工作质量、工作效益和爱岗敬业精神有了明显的提高。

在推进集团化战略的同时，我们又推行兼并重组与多元经营并举，有力拓展了企业的经营范围和市场领域，并使南通四建的管理理念、企业文化和企业精神渗透到被兼并企业，从而实现从外延到内涵的真正兼并，在做强、做大的道路上实现了量变到质变的飞跃。

问： 南通四建集团的主楼——祥云楼正面为达海控股集团，而非南通
四建。达海控股集团与南通四建是怎样的一个关系呢？策划成立
"达海控股集团"可谓是您企管生涯中的得意之作，也可谓是厚
积薄发的神来之笔。很想了解其来龙去脉。

答： "达海"的诞生，其实也是伴随着企业改制的阵痛。达海控股
集团是以南通四建原有股东为主体组建成立的投资型控股集团公
司，它是在南通四建集团之上又成立的公司，是南通四建集团的
控股母公司，这是我们企业新一轮的改制。

　　由于企业特定的运行体系和组织结构的固定关系和规律，
企业发展到一定规模，总会有成长极限。像南通四建这样的经营
性母公司，集投资、经营于一身，自身存在安全、质量等潜在风
险。随着企业的做大做强，管理链条拉长，边际效应下降，其运
营情况直接影响到整个集团各个子公司的生存和发展，母子公司
之间存在相互干扰现象。如何有效规避经营风险和市场现实存在
的风险，突破企业成长极限，实现更大的规模化经营，成为当时
萦绕在我心头亟待解决的首要问题。于是我决定重新整合企业内
部资源，对企业组织架构进行根本性调整。

　　具体做法是：通过股权分割、股权转让和股权置换等方式，
把所有子公司收归达海控股集团旗下，构建起以达海控股集团为
母公司的新型母子公司体系。母公司专门从事子公司投资，不参
与任何直接经营。2009年达海控股集团成功收购并控股南通四
建、华德房产公司等子公司股权，成立新一届董事会，标志达海
控股集团正式开始运营。

　　达海控股集团的成立实现了投资与经营的完全分离。母公司
专门从事投资事业，不再进行任何直接经营，不存在任何生产经

营风险，也就不会影响任何一个子公司的发展。每个子公司都自成体系，独立经营，独立核算，相互之间没有连带的经济法律责任，发展状况不会影响到整个母子公司体系的运行，避免了放在同一篮子内的鸡蛋同时被打碎的危险，使母子公司体系更合理、更先进、更可行。达海控股集团可以向企业内部和社会融资，吸纳更多的社会资本，对重大投资项目进行评审和投资，集中精力大力投资回报率高、效益好的行业，有效提高了资本运营能力和资金效益。这是对企业组织结构进行的一次根本性、结构性调整，实现了母子公司体系的历史性跨越，为打造千亿集团搭设了极好的平台，为公司做大做强做久、实现新的更大飞跃提供了强大动力并创造了更加广阔的自由空间。

问：达海成立后，公司发生了哪些变化？

答：新型管理架构释放出企业发展的动力。达海控股集团通过委派人员执行重大事项汇报制度和委派人员管理办法，来代表达海控股集团意志引导子公司的发展，确保集团收益的实现，为股东创造回报，为社会创造财富。委派人员通过衔接、协调母子公司之间的关系，充分发挥出子公司各自的积极性，形成母子互动、互利、共赢的新格局。

运行后的达海控股集团坚持调中求进、变中促好、改中激活，整个集团呈现出前所未有的发展好势头：在短短 4 年中，集团总营业收入实现 3 倍增长，充分体现了集团的经营实力和抗风险能力。

通过整合、拉平等措施和手段，目前集团一共有 16 家子公司，覆盖了金融、建筑、房产、装饰、智能科技服务等专业领域。经营思路上我们主张实体经营与金融投资相结合。以实体经营为主导，持续做大做强经营主业；以实业投资为补充，不断延伸产业投资管理链条；以金融投资为尝试，探索财务公司、基金管理等多元化投资模式。旗下的达海智能公司被评为全国智能建筑行业十佳企业、中国建筑智能十大品牌企业、全国智能工程企业完成工程量 50 强，品牌知名度享誉全国；华德房产公司进入全国房地产 50 强企业、江苏省房地产 50 强企业行列；承悦装饰公司进入全国建筑装饰百强企业 40 强企业，被评为全国建筑装饰创国优工程明星企业、江苏省建筑业百强企业装饰类十强企业。其他各子公司也亮点纷呈，在各自领域名列前茅。

集团借助资本力量，获得几何级数的增长。2013 年成立了江苏盛融投资管理有限公司，寻找资金量大、收益高的项目，向集团内部员工募集资金，集中闲散资金做大事。与上海沿海景荣基金公司合作，投资了沿海景荣与信达地产合作的 2 个项目，收入可观。

与上海复鑫基金公司签订协议，参与复新 2 号基金，在确保年化 8% 的固定收益基础上，参与运作上海数据港公司上市，进行 PE 投资。目前该公司已上市，市盈率达到 8 倍以上。

集团凭借良好的社会信誉和业界知名度，成立了财务公司，银行总授信额度超 100 亿元，通过整合、监管、调度所有财务资源，发挥出资金使用效益，全年财务收益超亿元。

热电行业作为国家重点扶持的行业，具有节约能源、改善环境、提高供热质量、增加电力供应等综合效益。新沂热电厂由于下游产业用气用户不足，导致前几年运营困难。集团与新沂市政府多次协调，寻找新的发展机会。2014 年，公司与新沂市政府双方达成协议，对新沂电厂实施技改搬迁，政府给予该项目"退二进三"的政策配套。旧厂房土地变性所得收入用于新建厂房，发电指标也允许公司转让，共盘活资金超亿元，满足了搬迁和建新厂的资金需求。

集团为扩大业务门类，还收购了上海浦东开灵电梯厂。积极涉足水利、道桥、市政、海工、机场等国家热点项目，形成新的业务增长点。

经过这些年的运营，集团发生了日新月异的变化，现已成长为一个跨行业、跨地区、跨国界的大型综合投资集团，业务涉及金融、建筑、房产、装饰、智能科技服务等众多专业。母子公司之间实现了信息、资源、成果共享，发展互惠，制度互容，管理互鉴，构建起和而不同的新型母子管理体系，推进了母子公司持久发展、共同繁荣的新格局。

达海控股集团运作以来所形成的母子公司之间共同进步、相得益彰的新格局和优良的经济效益及社会效益，说明这种投资与经营分离的新型组织架构是成功的，完全达到了预想的效果，实现了成立公司的初衷。真实而丰富的数据说明了新型组织架构对达海控股集团发展的巨大贡献，具有重要的实践意义。

集团的运营模式得到了社会的普遍认可。现在每年都有许多企业到公司来学习，不少建筑企业竞相仿效达海控股集团建立以控股集团为母公司的新型管理架构，说明集团公司的运行模式具有重要的推广价值。先进、合理的企业治理结构和运行机制，必将裂变出极大的能量，成为公司跨越发展的强大动力和源泉，推动企业超常规、跨越式发展。

问：在南通四建集团迎来 60 大寿之际，对未来五年、十年甚至二十年的企业之新路有何设计？

答：改革的目的是为了更好地发展。我的理念是：改革后的企业要向四个"维度"发展——深度、厚度、广度、宽度。所谓深度，即产业链的不断挖掘。所谓厚度，即创优能力和经营水平的不断提升。所谓广度，即市场规模的不断扩大。所谓宽度，即职工实际收入的成倍增长。

具体说，从"四建"到"达海"这是一个特别重要的结构调整。有了达海控股，才有了公司今后的发展空间。这个空间可以说是无限大的。我现在可以做建筑，可以做房地产，可以做楼宇智能，也可以做热电联厂。我还做了很多基金公司，做了"大健康"——在云南收购了一些中药厂，成立红云集团，用中医的理论做大健康的概念。现在我们还在运作苏州这边的汽车电池企业，只投资不经营。

达海控股只进行投资，不经营，这样它不会有倒闭的风险。我们投资的一个基金公司，投了一个亿。即使这一个亿没有了，也不会令整个企业集团伤筋动骨。因为投资都在我们的能力范围内，不会超出总资产，而且对于其他子公司也没有任何影响。如果是四建，那就会有极大风险，因为它是经营公司，哪天不顺出现问题，所有的子公司都会跟着它一起栽进去。

问： 达海这个名字是您自己起的吗？

答： 是我自己起的。出处就是"海纳百川"与"达不离道"两句老话。"海纳百川"的意思是说，做企业就是要能容纳。大海是最低的，为的是能容纳百川。作为企业来讲，你不能高高在上，那样是做不成的，只有放下身段，放低自己，才能成就事业。"达不离道"这是我们做人的原则，也是做事的原则。做任何事情，无论是贫穷落魄，还是发达得意，都不能丧失道德标准和背弃自己做人的原则。从这两句中选两个字组合起来，也表明我对这个公司的希望和寄托。

问： 您对"达海"的展望是什么？

答： 我们还是要顺应时代，能敏锐地感受社会的脉动。现在的社会已经进入智能化、信息化时代，如果我们还在老圈圈里埋头苦干，忙得不亦乐乎，认为自己很有本事，那早晚是要被社会和时代淘汰的。那么，感知时代的脉动靠什么？靠敏锐的触角。达海控股集团就是我们伸向时代脉搏的一支触角。我们最近投资了一个电子商务公司——江苏足财电子商务公司，又建设了一个网站——筑材网，就是采购平台。我联合几家大型建筑企业和银行作为股东，一开始就奠定了筑材网的良好"基因"。大家对网络购物平台最大的不满是什么？假冒伪劣泛滥，监控不力，管理不到位。然后我们顺应买方市场需求，建立起单纯发布需求信息的互联网网站。与此同时，网站交易过程全部免费。筑材网的核心是采购。不进行任何材料推销，只是发布采购信息。目前已经有 28 家建筑企业在筑材网上发布采购信息。网站从发布产品信息、采购信息到签订合同都有监管，所有单位必须进行实名注册。筑材网跟其他网络购物平台最大的区别是：有问题可以一步步往上追溯，一直查到问题的病根。我还成立了足财贸易公司，附着在筑材网下，利用网络大数据，进行全新的交易模式。我现在发挥大数据作用，利用数家单位进行集中采购。筑材网平台采购模式下，采购的交易形式发生变化，采购的主动权发生变化；供货方与需求方关系发生变化，材料采购信息量的增加，增强了集团公司的掌控力。

通过使用筑材网，大家都有同感，那就是集团优化了内部管理，降低材料成本，保证原材料质量，提升了企业回报；收集到大量数据信息，提升企业管理效率，增强了企业的管控能力竞争实力。在银行资源的使用上，通过筑材网的"筑保通"实现信贷有出处，便于对施工企业的贷款进行有效监管，实现建筑上下游产业的风险防控，帮助企业做强供应链金融。在供应商管理方面，通过筑材网进行的材料采购，交易有保障，资金回款快。

筑材网的大数据带来多重商机：一是实现了从工厂到工地。筑材网通过足财贸易公司对成员单位的需求量进行大数据统计，建立采购联盟，形成某个地区的相对集中采购，供应链、采购链得到大大提升和加强。二是实现从车间到工地——反向定制，实现共享经济。筑材网上有几十家建筑公司，每年用电线、电缆、钢材等都有相对平稳的数量，将这个数据往平台上一"晒"。好了，我就可以跟所有采购的人签约。筑材网仅运行一年多，就达到 240 亿元的流量，今年预计超 500 亿。足财公司具备了培育上市的良好基因。三是通过筑材网掌握了大量材料的真实交易价格，成为企业和企业家决策的资源和重要支撑，给客户带来巨大的价值。

我认为，筑材网具有非常广阔的发展潜力和发展前景，因为它有先进的构建理念，可以有效规避鱼龙混杂、泥沙俱下的"雷区"。筑材网还成功地引进了银行征信系统，所有采购的材料都经银行授信，直接授信到平台上。这是建设银行对全国民营企业第一次到平台授信，也大大提升了平台的信誉度。建设银行进来后，中国银行、工商银行等也都看好我们的经营模式，纷纷考虑加入。因为我是反其道而行之。

为什么这么说？现在流行"互联网+"。我认为对企业而言叫"+互联网"更为妥帖。互联网是个工具，问题是所有的实体企业怎么样通过网络来提高自身的管制能力。有互联网这个方便、快捷、高效的工具，我们为什么不去用？很多企业到现在还在人工管控材料，还要用文字材料来报告，这是很落后的，完全可以通过网络来控制采购系统。然后我们与几个单位一拍即合，觉得反向定制这个事情能做，做好了不仅提高办事效率，也堵住了下面采购环节的一些漏洞。刚开始有人建议筑材网提供对等的服务要收费，我坚决不同意。作为一个采购平台，你收了一分钱，就要承担相应的责任。同时也会做不大，人家认为你的目的是挣钱，缺乏信任感。只有免费给大家用，买卖双方才会进来采购，进来采购的越多，我买的材料就越便宜，通过集中采购的价格优惠来弥补投资的钱。不声不响地赚钱才是高手。

你问我希望"达海"发展到哪一步，还是那句话，感知社会发展的脉搏。现在我们的投资方向是大健康、新能源、网络公司，尤其是筑材网，可以做得很大。我最近正在做与政府采购相关的工作，希望能将政府采购也纳入到这个网络平台。还有南通的医药采购、家纺，都要去游说这些"大户"在网络平台上发布采购信息，这样网络平台就完全变成一个社会采购平台。等到成熟了，再向全国推广，就有可能发展成全国性的采购公司。你做生意，要在我这里注册，合同痕迹就会留下来，所有的生意会留有电子信息。我们现在还在开发一个软件，利用大数据分析，建立发现交易异常报警机制。一旦出现某一笔生意有异常问题，平台自动报警，提醒你查阅。这就能避免买卖双方可能的经济损失，而这些只有达海能做得到。这既是我对达海的展望，也是我对四建集团的未来设计。

第二部分　人才篇

从专才到通才

从应试到考试

从育人到用人

从专才到通才

本节金句

学习，是由"人"而"才"的阶梯，所谓专才、通才，离开学习"才将不才"。

如果学习只求结果，而忽略过程，我们就很难欣赏到知识山峰在千折百回中的美感，自然也就失去了"学习"本身的真谛。

俗话说"开卷有益"，但要想受益，你必须读懂书。而要想读懂一本书，尤其是离我们时代很远的那些古书，一定要对作者的生活背景、写作背景有所了解，不了解的话，书是很难读懂的。

纵观无数失败者的症结，他们并不缺少才智，而是过分依赖才智。一个人只有到了能克制才智、慎使智计的境界，他的智慧才是最高境界，才能在任何形势下应对自如，立于不败。

拥有一个积极向上的价值观，也是一个人得以成才的精神支柱。人生一世，总要有个追求，有个企盼，有个让自己珍视、让自己向往、愿意为之活一遭，乃至愿意为之献身的东西，这就是价值观，也叫作信念，它融于血液之中，体现在行为之上。

衡量成才的标准，不一定非得做大官、发大财，但必须具备这样几个条件：高度的敬业精神、优良的学习习惯、克服自我缺点的能力、平和向上的心态、良好的表达和沟通个能力等。

良好的表达和沟通也是年轻人通向成功的桥梁。

这个世界上有无数人自信，可一个人的自信应该是有限度的，没有人是全方位的天下第一。在同行里面，你可以称第一；在另外一个行业里，你要尊重对方的人格和专业造诣。

问：学习，可以说是贯穿人类发展的一个重要活动。后人如果不学习前人积累起来的经验，那么人类的进化乃至社会的进步都无从谈起。微观到个人，阶段性学习和终身学习都是不可或缺的。那么，根据您学习的体会，有哪些高见呢？

答：学习是我很喜欢的一个话题。就说说一些体会吧。

首先，我觉得"学习"是个中性词。

我们做任何一件事情，都需要学习。一个人要积极向上，进修学业、事业精进、生活美满，需要积极不懈地学习。企业同样如此，要扩大经营规模，为社会创造财富，需要学习。从某种意义上来讲，"学习"是中性的，并无正误之分。

学习有"术"与"道"的分别，关键是看带着怎样的目的去学习，取舍不同。同样看一部著作，不同的人看出不同概念。有的人学习其精华，弃其糟粕；而有的人，则学到了糟粕，扔掉了精华。同样一部《孙子兵法》，有的人学的是阴谋诡计，学的是肤浅的计谋、策略，而有的人学的是治邦之道，学的是"不战而屈人之兵"的精髓。

其次，我认为"学习"是具有目的性的。

学习的专业五花八门，学习的内容丰富多样，可以归结为技能、方法、手段。掌握这些技能、方法、手段，实际上是为了达到某种目的，这是最基本的学习。孔子在《论语·宪问》中说："古之学者为己，今之学者为人。""为己""为人"则是古今学者的不同目的。

学习的目的是千差万别的。有的人为了生存，有的人为了晋升，有的人为了加薪，有的人为了父母，有的人为了自己，有的人为了企业。在现实生活中，学习或是为了给父母一个可以交代的分数，或是想快速达到某个目的，或是为了获取一份体面的工作，这些本身无可厚非。但如果学习只求结果，而忽略过程，我们就很难欣赏到知识山峰在千折百回中的美感，自然也就失去了"学习"本身的真谛。

"学习"还需讲究科学性。学习必须有正确的理念和科学的方法，否则，离经叛道，不如不学。

说起学习，有许多关于学习的名言至今让我们耳熟能详："有教无类。"说的是，不管什么人都可以受到教育。"知之者不如好之者，好之者不如乐之者。"告诉我们，追求学问首先在于爱学、乐学。"三人行，必有我师焉。择其善者而从之，其不善者而改之。"告诉我们，随时随地注意向他人学习，取人之长，避人之短。"温故而知新，可以为师矣。"启示我们，学习必须随时复习，新旧结合，融会贯通。我们的传统文化是可圈可点的，我们就要从中吸取正确的教育方式和学习方法。

平时，我们更注重学到一些技能，一些工作生活中能用到的本领，这实际上是一种"术"，是一种外在的、表面的能力，学习到的方法、技能、策略等。如果说这也叫"道"，那学的是"王道""霸道"，是为了出人头地、称王称霸的"道"，是为了达到目的，而采取各种计谋包括阴谋诡计、欺骗，甚至为了统治、驾驭，尔虞我诈。这不是正道，是邪道，是不能长久之道。许多人趋之若鹜，这也是当今社会可悲的地方。

目标导向决定最终结果。学习是中性的，无好坏之别，关键是看学习的目的是什么，这决定学习的最终结果。因此学习首先要把握正确的学习方向，要"取之有道"，带着自己的理想和信仰去学习。

问：当您已将事业进行到风生水起很有规模的时候，您为什么还抽时间去复旦、北大、清华去进修呢？

答：我去复旦大学上 EMBA，是 2003 年的事了。那时企业改制做得很好，也做到一定的规模，但是再往后到底往哪里走有些找不到方向。我知道怎么管理，但没有一个体系能支撑它，后来我决定重新回到大学里学习。一个离开学校工作多年后，还想回到学校去学习的人，就是一个对自己要求很高的人。一个人工作后并取得很高成就，工作一定十分繁忙，还能再到学校继续深造，是难能可贵的。学习工作化、工作学习化是我们的目标。但是能做到这一点，十分艰难。因为岗位重要，每天都需要应对繁忙的工作和紧张的生活节奏，千头万绪，再腾出时间继续学习，是需要强大毅力的。所以，我认为这些人都是成功人士，是社会的佼佼者。一般人是不会再回学校的，因为学习是个苦差事。当然，想混个文凭显摆显摆那另当别论。当时有个教语言学的老师，一开始也不怎么看得上我们这些"重新回炉"的学生，说："你们这些学生一个个在社会上混得那么好，钱赚多了，现在跑到学校里来，想附庸风雅混个文凭往脸上贴金。对不起，在我这里，任何人不要想多送一分给你，拿不到就是拿不到。"我们用谦逊好学的态度和刻苦学习的实际行动，"堵"住了他的嘴。后来，我们成了很要好的朋友。另外更重要的一点是，在高等学府读书，我们读的不仅仅是书，还能通过这个较高的平台，结交到各路"好汉"，让你对整个社会的认识有一个极大的提升。我在读 EMBA 的时候，有很多国外的同学，读国学的时候，北京的很多领导，央视的白岩松、王端端、孟桐等都是同学，接触到新的人群、新的思维，跟他们在一起，耳濡目染，就会达到一个新的高度，眼界就更宽了。回到企业工作的实践中，再用理论归纳的方法，那就方便多了。我后来每说一个东西，每做一个决策，都会讲出道理，为什么这么做，让大家能够很快接受。

比如材料采购，我那年出来个新政策：联合采购。为什么要联合采购？因为我们现在的手段够了，运用互联网完全可以完成。原来各路纷至沓来的上门汇报听都来不及听，现在我们网上一传就有了。我设个部门，买材料是你买，但是在购买的过程中，全程我都可在网上联合监督，我要看你，招的是老宋，还是老王，对不起，我看看还有个老李也不错，你招两个我加一个，报价我们三家一起报，最后谁中标你得给我讲个道理，谁理由充分定谁的，这叫联合采购。刚一执行，下面就起了不少的反对声。为什么？谁都知道"买方市场"的油水不少，谁拿钱去买东西谁是老大，你如果无端就把这个权力收回，他肯定要恨死你，因为他有好处，你把他好处搞没有了。那我现在不说我要采购，我只是说帮你提高采购水平，买到更多更公平更物美价廉的东西，那没错吧？所以他就没办法跟你抵抗。这就是管理的艺术。提高品位、提高学业水平，有了这两点之后，你在管理上就能站在理论和道德的制高点，管得心服口服，这才是管理的境界。

问： 当年的艺术教育，尤其在农村是个短腿。这一课您后来补上了吗？

答： 在做老总期间，我去北大上了一个国学班。国学班有一个老师，是中央音乐学院的副院长周海宏。他讲艺术欣赏，讲了整整两天，讲完以后我弄懂了其中很多很多道理……他主要讲了三个方面。先是谈音乐。其实音乐并非像那些专家所说的那么深不可测。什么交响乐，什么古典音乐、流行音乐，说了一大堆东西，这把很多人就关在音乐大门之外，大家都认为音乐难懂。其实音乐何须懂。音乐没什么不懂的东西，他只用了一个比方就把音乐说得很清楚。他说音乐就是耳朵的大餐，你听着舒服就是好音乐，为什么要懂那么多深奥的道理呢？其实一部交响曲，不同的指挥家，他演绎出来的东西是不一样的，音乐家本身对这个作品的理解也是不一样的，何况你是个门外汉。一般人欣赏音乐，只要知道它在表达愤怒、抗争、愉快……比如说节奏感强，音乐高低起伏比较多，那表现出来就是欢快。如果说，音乐节奏平又缓，那就是表达一种平静或者是悲哀的心情。其他还有什么模仿黄河、长江流水、鸟语花香，等等。这些东西你都是耳熟能详的，怎么会不懂呢？只要用心去体会音乐，那你就懂了。每个人都可以自己理解，你理解的音乐就是真正的音乐。

　　他又讲书画艺术。其实书画就是眼睛的大餐，看着舒服就行了。那个字写得歪歪倒倒的，那个画画得东倒西歪，你一看就知道不是什么好字好画。因为所有的东西首先看构架，整个骨架要稳定。你看一幅画，看一幅图，看一些雕刻等所有东西，首先看它的结构是不是匀称、合理，是不是很舒服。我们学建筑的人看东西就是要看是不是得体、大小正好。为什么？一个是人的视觉，眼睛是往外张的，一般是 15 度，在这个距离往前看，它的长度在视觉范围以内，看了肯定舒服的，如果超过了视觉范围，看着就不舒服。比如说北京的人民大会堂门口有很多柱子，你在中间看每个柱子都是很正的，其实只有中间那个柱子是垂直的，再往两边的柱子是往里稍斜的，如果它所有柱子都是垂直的，你看到外面的柱子就都是倒的，看着就不舒服了。从这个意义上来讲，就揭示了该怎么去欣赏艺术品、雕塑、画作。首先看布局是不是合理。有的画为什么一定要加一个小鸟，加一个小蜜蜂，因为这个地方留白太多了，这边画重了，那边加一个东西就平衡了。有的时候落款、题跋，题在什么地方都有讲究，如果乱加一个地方，这个画作就不行了。高超的书画家，他的整个书画作品里面一定会留好一个题字盖印的地方，使整个画面更协调。第二个问题，画作的色彩怎么欣赏。各种花草、动物或山水，颜色搭配得要好，搭配不好就是杂乱无章，搭配得好，就是相得益彰。第三个问题是看基本功，中国画的基本功非常重要，线条、工笔、浓淡、写意……从这三个方面去欣赏艺术作品，也就八九不离十了。

周老师当时还讲了一个概念叫"通觉"。他说所谓的美，声音的美、颜色的美、其他的美，在感觉里面都是相通的。比如说墙上的颜色用的是白色，这是中性的；如果使用的红色，是暖性的；如果用的黑色和蓝色，那就是冷色调。其实颜色是没有温度的，加入了我们的主观感觉，也就是触觉跟视觉相通了。比如说这个人说话硬邦邦，有的人说话软绵绵的，声音有软和硬之分吗？没有，因为声音急促而高亢，给人感觉就是硬邦邦的，平滑而低沉，就是软绵绵的，所以触觉和听觉又相通了。从这个意义上来讲，人的视觉、听觉、味觉、触觉等感觉都是相通的。把这样的东西讲通了之后，对很多事情的看法就不一样。

很复杂的道理他就那么简单地解释清楚。听完以后，你对艺术鉴赏马上就有了自己的底气，也有了欣赏各类艺术的自信。先是开始做一些收藏，用我的眼光，用我自己的理解与很多大师交流，非常有意思。

有一次，我到宜兴去拜访一个制壶大师。引领的朋友向他介绍我是某某集团的老总。大师自顾自地喝他的茶，拉他的琴。看我转了一圈没怎么说话，同行就问："你看得这么仔细喜欢哪把壶呢？"我指着一把四方形的壶说，这个还行。为什么呢？这把壶做得非常协调，高低大小，很舒服，而且这把壶突破了常规壶的造型，它的色彩也非常柔和漂亮，整个体形，壶嘴壶把壶钮，比例恰到好处。那个大师听我说出这些就不喝茶了，他过来问我是做什么的？我说我是搞建筑工程的。他就告诉我，这把壶是他获得的第一个国家级大奖的壶，一直收藏至今，后来我们聊得很开心。

问： 从您渊博的谈吐看得出，一定读了不少书。如何读好书、读懂书，您一定有自己的心得吧。

答： 俗话说"开卷有益"，但要想受益，你必须懂书。而要想读懂一本书，尤其是离我们时代很远的那些古书，一定要对作者的生活背景、写作背景有所了解，你不了解的话，书是很难读得懂的。比如说我们中国的儒、释、道。这种儒家的问题、道家的问题、释家的问题，你要先看创始人是谁，生活在什么样的时代。儒家的创始人孔子，他是一个老师，一介平民。他一生想做大官去治理国家，但没有做成。所以他说的东西都非常贴近生活，比如说不在其位不谋其政，比如说有教无类，比如君子坦荡荡小人长戚戚……他讲得很多都是生活上常用到的道理，因为他面对着生活，所以儒家的东西特别容易和老百姓亲近，特别容易让人家理解，因为他的创始者本身就是一介平民，他需要思考的东西都是直面生活的，从而解决了很多生活问题。我曾和老师讨论过一个问题。我说，孔夫子讲过："子为父隐，正在其中矣。"儿子帮老子隐瞒错误，这个怎么是"正"呢？用现代法治理念来讲，儿子应是举报不避亲的。但是回过头来说，他认为这个是亲情的问题，孔子提倡尊亲情为重。

再比如说释家，它的创始人是释迦牟尼，他是一个王子。他40岁以后，什么金钱美女财产，全都有了，就觉得这个没意思了，四大皆空，什么都不要了，开始考虑怎么普度众生。知道了这些，你就能读懂一些佛学著作了。

再说道家。《道德经》为什么不好读？《道德经》的作者是老子，他出身贵族，职业相当于我们现在国家图书馆的馆长。他交往的全是统治者或是帝师，或是那些治理国家的人。所以他讲的都是哲学，都是怎么驾驭社会，驾驭人的思想，驾驭整个统治阶层的东西。像我们这些管理者读他的书就有意思了。把《道德经》读完了读懂了，就知道怎么管理人。什么叫为而不争？什么叫利而不害？天之道利而不害，圣人之道为而不争是怎么做到的？说的都是一些很深刻的哲理。所以说读书前弄懂每一个作者的背景，就能比较容易读懂他倡导的一种理论或理念。

问：您对个人的成功和事业的成功是如何评判的呢？

答：个人的成功，就是得到了人们的认可，受到大家的尊重。社会给我一个平台，让我可以做自己想要做的事，这就是成功的自我价值。个人的成功不在于赚钱多，而在于自我目标的实现和心灵的满足。

事业的成功，是指一个人所从事的事业达到既定目标，企业在同行业中处于领先水平。事业的成功要靠优秀的团队支撑。作为一个成功企业的领导，必须具备良好的专业修养、道德修养，有亲和力、号召力，用自己的人格魅力来凝聚团队成员。

问：一个成功的企业家离不开聪明和智慧，对此您认可吗？

答：聪明对于一个人来讲是很重要的素质。但聪明是可用而不可耍的。尤其对一个身负重任的当家人来说，过多地依赖计谋并非好事。《三国演义》中的诸葛亮，谁还能比他更聪明更有智谋？最后还不是过分自信自己的计谋而六出祁山攻魏，落得事败身死的下场？

最近我看了一个人写的书法，里面有几句话很受启发，说："智不及而谋大者，毁。智无歇而谋远者，逆。"这是出自隋朝大儒王通《止学》里的两句话。意思是智慧不够的人，去谋大事肯定要毁了大事。天天在心里谋划，可能适得其反，不能如愿。世事瞬息万变，在天理道义面前，智谋的作用是有限的。人不能一味自恃智计，死不放手。只有权衡智谋得失，当用则用当弃则弃的人，才能立于不败之地。但是，现实中的那些虚荣心、自大心、功利心往往把人带入歧途，进而高估自己的智慧。这是"能人"最易犯的致命错误之一，许多失败常常由此而生，留下千古遗憾。连智计过人、家喻户晓的诸葛亮晚年都功败垂成。

纵观无数失败者的症结，他们并不缺少才智，而是过分依赖才智。一个人只有到了能克制才智、慎使智计的境界，他的智慧才是最无缺的，他才能在任何形势下应对自如，立于不败。

《止学》里还有几句话也很有意思，如："智者言智，愚者言愚，以愚饰智，以智止智者，智也。"这对于一个企业老总，太重要了。所谓"智者言智，愚者言愚"，通俗地说，就是看什么人说什么话。你跟一个普通农民谈什么高科技，谈什么量子卫星，肯定搞错对象了，肯定不对的。作为一个智者，你要适应各种各样的人，跟谁说什么话，跟什么人做什么事，如果这个没搞清楚定会一事无成。延伸到管理中也是这个道理。你管理的是农民工，与管理研究生方法就不一样，不可以用一种方法来管束所有人。我经常说，你们不要光听我是怎么做的，我只是告诉你我这种做法是可以成功的，我这样做有我的道理，但是回去以后，你那里有现实的情况，你的人员组成、地理位置、社会环境及发展阶段，可能完全不一样，所以你们只能用道理而不是全盘照抄照办。我们做了这么多年，体会到了很多东西，光靠智谋是不行的。"人算不如天算"就是这个道理。所以要知道审时度势，任何胜者都是踩到时点上，借到时代之趋势。

问：常听人说，要"知行合一"。请您说说这里面的道理？

答： "知行合一"是明代大儒王阳明心学中有关认识论与实践论的命题。在中国传统文化里，十分注重"知行合一"。古语讲，读万卷书，行万里路。学习的最终目的是为了"做"。纸上得来终觉浅，绝知此事要躬行。

古人云，知行合一，其实学、做也是统一的。好多木工、瓦工没有学习过一天理论，但是通过大量的实践锻炼，就会做了，这属于操作层面的学习。正如王阳明所提出的"知行合一"说，要知，更要行，知中有行，行中有知，二者互为表里，不可分离。知必然要表现为行，不行则不能算真知。

为学习而学，这是空学，是无意义的学。现在好多人浑浑噩噩，不知道自己学习的目的是什么。说得头头是道，做的却是风马牛不相及的事，这是因为知行不能合一。正如孟子所说："行之而不著焉，习矣而不察焉，终身由之而不知其道者，众也。"意思是做一件事不明白为什么要做，学习不知道为什么而学，一辈子随波逐流不知去向何方，天天都跟风按着"道"去做，却不想想什么是"道"，这种人占多数。孔子也说："学而不思则罔，思而不学则殆。"一味读书学习而不思考，就会因不能深刻理解书本的意义而不能合理有效利用书本的知识，甚至会陷入迷茫。学要领会实质，做要明白道理，这是知行合一的根本所在。把事情做好了，那就是学懂了、学明白了。知是本源，行是表现。

问： 都说下棋要与高手对弈才能有进步。这话有道理吗？

答： 现在我常常应邀去许多大学讲课。有人认为我这是"不务正业"。其实我倒是觉得这是个一举几得的机会。既可以借机提高公司知名度，也是我结交高手、开拓思维、提高思想的过程。有人问里根："你做总统最大的好处是什么？"他说："我做总统最大的好处，就是每天和世界上最顶尖的人才交流！"我通过讲课、听课，结识了许多可以促进公司发展的朋友，并且也听到了一些新鲜的声音，受益匪浅。比如王健先生所言的"优势富集理论"，我就非常感兴趣。王健先生将生物学术语"富集"一词运用于经济学领域中，一反常论，认为"进一步，海阔天空"，阐述了"先者生存"的道理。比如现在的数码相机市场，更新换代日新月异。你刚刚买下 500 万像素的生产线还没有生产出产品，然而 600 万、700 万像素的产品已经上市。虽然你仅比别人差一步，但你永远都不会掌握市场的主动权，永远没有话语权。所以，"慢一步，一事无成"！还有那些考入大学的莘莘学子与那些没进入大学的人相比，或许只不过是小学、初中、高中多学习了一分钟，或是高考时多做对了一道题而已，然而他们的命运却有天壤之别。人生就像滚雪球，靠着这"先一点点"的积累最后"富集"成"体积迥异"的硕果。

问： 几十年的坎坷经历、几十年的厚积薄发、几十年的勇于探索，最终您由一个普通的农家子弟成长为一个有用的"人才"、一个难得的"帅才"，这其中的"关门过窍"一定烂熟于心。能给现在的年轻人哪些忠告呢？

答：我认为我的成才和成功，是时代造就的。20 世纪 80 年代初是百废待兴、人才奇缺的时候。在当时别说是本科生，就是大专生、中专生也是寥寥无几。这给我们这些刚毕业的大学生提供了历史性的机遇，同时也带来了巨大的、几乎达到极限的压力。

我一毕业就以技术员的身份被分配到南京锁金村小区项目部担任技术负责人。这在当年是南京市的重点工程，由 16 幢小高层构成。当时懂技术的人奇缺，能看懂图纸的就更少了。我虽然是工民建对口专业的大学生，但毫无实战经验，也就凭着血气方刚的好胜心和责任心迎难而上。夜以继日地查资料，做方案……最终总算顶了下来。可以说，这些都是当时时代给予我的机遇，也正是这种高强度的磨炼，使我对建筑有了更深刻的体会，练就了我果断、坚韧的个性。

1983 年下半年，我们县进行机构改革，将建设工程基本建设局改成建筑工程管理局。那时正提倡干部的"年轻化，知识化，革命化"。因为那年我才 23 岁就已经在南京负责了那么大的工程，又是大学生，于是我被建工局局长徐孝先看中。他上任不久之后就来考察我。我就汇报了我怎么组织工程，怎么建设工程……他说，小伙子真不错嘛。我没有任何背景，家里没任何人做什么官。我还傻傻地告诉他，我的父亲曾是挨批的对象……1984 年年初我就接到了南通县（现为南通市）建筑工程管理局技术股副股长的任命，那是不容易的事情，因为那时候我才 23 岁。

至今我还记得那天与徐局见面的情景。那年大年三十，建工局通知我，说："小耿，你到局里去，有人找你有事。"我想年三十晚上的干什么事？就没去。因为那个时候我在城里没房子，就在农村住着。到了大年初五，局里又通知我。我想可能真有事找我了，估计要调离南京，调到上海，或者东北什么地方去。大年初五我就去等公共汽车进城。谁知仅有的几班进城车还都是满的，等了一天没等到。大年初六一早，我不敢再等公交了，就骑了自行车进城，赶到局里时局长们正在开会。有人告诉我说局长开完会要找我，让我等着。我莫名其妙，站在那儿不知道该干什么。中午局长开完会，秘书通知我说："小耿呐，局长开完会回家了，他就住在局后面那个单元房里面，他要找你，你到他家里去吧。"我就到局长家里去了，他说："坐一坐啊。小耿，你等会儿啊，我吃完饭与你谈事。"他吃完饭了带我到会议室谈话，正式和我说："小耿呀，要提你当技术股长了。"我一听，愣了！那时在我们心目当中，技术股长是很了不起的，我根本就没想到会把我放这个位置。科室里的那些同事，大多是落实政策的，原来下放的一大批人，都比我大 20 来岁，有的还是工程师。我就跟他说："这个事确实我没想到，怎么会让我当技术股长？我才是个技术员，人家有的还是工程师。"他跟我说了一句话："你想做的事不一定要你做，你没想到的事不一定不叫你做。好好准备吧，下午开会。"

说完他就进办公室去了。我就在会议室里等，看到桌上也不干净，就拿个脸盆把桌面抹抹干净，把茶杯洗洗干净，这些基本常识我还是懂的，做完了就饿着肚子在那儿等着开会。会议从下午一直开到晚上。

那时的县城，春节期间没有饭店开门营业的，我也没什么朋友、同学在县城。人家都回家过年了，我却两顿没吃饭，肚子饿得都前心贴后背了，就骑了个车子到县城转了一圈儿，看到一个卖东西的小亭子，亮着个灯。我进去买了一条云片糕，再找了个小旅店，用茶水泡过云片糕，狼吞虎咽地吃了。这就是我当"官"第一天的待遇。

今天，企业发展的水平、规模都已上了新的台阶，初出茅庐的大学生不再稀缺。因此，作为新时代的大学生，社会对你们提出了更高的要求，要想在重重包围中脱颖而出必须有独到之处。

大学生从学校出来的第一关，就是融入社会这所大学校。初涉社会，大家会发现在学校受到的教育与社会的现状有很大的区别。随着大学教育越来越西化，部分大学生对中国文明的认识产生了误区，想法有些偏激，不容易接受中国传统的企业文化。中国的文化和文明能够延绵不断流传五千年，虽然有其历史局限形成的糟粕，但更多的是优秀的基因、过人的长处。我们既不要全盘接受，更不能妄自菲薄。现在的企业管理对员工的评价不像在学校做题目，对就是对，错就是错，得分高的就是好学生，得分低的就是差学生。企业中的优秀员工要有适应企业发展的综合能力，比如说，专业技能、创新精神、职业道德等。这就是年轻人初入企业后首先必须适应的。

进入企业，当个人的权利和利益与所在企业、团队的权利和利益不相符时，该如何处理？在中国的社会环境里，大家都是以集体利益为主，完全的个人化是行不通的，也是站不住脚的。成长依托于所处的环境、所在的社会。作为学生，你首先要了解你工作的环境，并适应环境，否则生存都成问题，还谈何成长成才？

拥有一个积极向上的价值观，也是一个人得以成才的精神支柱。人生一世，总要有个追求，有个企盼，有个让自己珍视、让自己向往、让自己护卫、愿意为之活一遭，乃至愿意为之献身的东西，这就是价值观，也叫作信念，它融于血液之中，体现在行为之上。树立正确的世界观、人生观、价值观，既需要用科学理论来充实头脑，更需要解决现实思想问题和端正人生态度。

在中国的国情下，个人价值观必须融合到企业价值观和社会价值观中，只有为企业、社会创造财富时才能体现个人价值。进入企业后，不能因为自己是大学本科生而看不起单位里的大专生、中专生。对公司的前辈要尊重，因为他们对公司的了解比你多。你可以放低姿态主动地为他们做点事，比如倒茶、擦桌子等，这不是拍马屁，而是一种做人的道德修养。孔子讲"温、良、恭、俭、让"，一个人要恭敬别人，别人才会接受你；你有信誉，人家才会相信你；你有义气，才能立身处世。这种发自内心的对别人的尊敬是个人修养的体现，不能同巴结相提并论。现在有很多本科生在单位不能适应，很苦闷，他们不服气为比自己学历低的同事做这样、那样的事。成长是一个由小变大、由弱变强的过程，一个人要成长成才就必须建立起与企业价值观、社会价值观相一致的个人价值观。

衡量成才的标准，不一定非得做大官、发大财，但必须具备这样几个条件：高度的敬业精神、优良的学习习惯、克服自我缺点的能力、平和向上的心态、良好的表达和沟通个能力等。

敬业是一种责任心的体现，是一种很重要的素质，是衡量一个人成熟与否的重要标准，也是一个优秀的人所必须具备的。一个人要成才首先必须具备高度的责任心，要热爱自己的职业，脚踏实地地做好工作中的每一件事，对每件要做和做过的事深思熟虑，以强烈的责任心对待工作和生活中每个细节。认真做好、做细生活中的每一件事，继而对团队、对社会、对国家也担起责任来。林肯说过："人所能负的责任，我必能负；人所不能负的责任，我亦能负。"如此，才能磨砺自己，有了这种敬业精神、道德情操，怎么可能不成才？这也是今年通州电视台邀请我去做关于爱岗敬业专题党课的观点。我认为爱岗敬业是从小就培养起来的习惯（思维习惯、行为习惯、做事风格），是一种可贵的品德，是一个人的修养、品味，是一种人生态度。事业无对错之分，也无贵贱之分，但是对于工作的态度却有高低之别。只有把一件工作做到极致，做到别人无可替代、无法企及、无人能比，这就是敬业，这就是可贵的敬业精神、工匠精神，其核心是一种精神、一种信念、一种情怀。敬业有狭义和广义之分。广义的敬业，是一种基本原则，一种道德修养，一种人生态度，一种习惯。敬业就是一个人对人生价值和生命本源的探索和追求。一个人如果能够做到敬业，就能做到做一行、爱一行，做一行，专一行；一个人如果能够做到敬业，就能在任何专业、任何岗位上获得成功。对于爱岗，首先要有兴趣。对自己的岗位有深刻理解，知道自己要达到的目标。要爱自己的团队，认可自己的单位文化或企业文化。爱岗体现在具体的小事情中。敬业是态度和能力的结合，敬业是需要能力支撑的。没有能力，空谈爱岗敬业，是虚无缥缈的，是一种阿Q式的自我安慰。爱岗与敬业是相辅相成的。能够获得事业的成功和他人的尊重，基础是能力强。能力从哪里来？答案是学习。因此加强学习是爱岗敬业最终的要求。

有人说行动养成习惯，习惯形成性格，性格决定命运。可见，优秀习惯是成才的关键。要养成跳出常规去思考的习惯，要养成勤于学习、不耻下问的习惯，要养成善于分析问题、思考问题、解决问题的习惯，这些都是成才的基本条件。

我们常说，工作学习化，学习工作化，在校读书可能只有十几年的时间，但工作是几十年，需要学习的东西还有很多，要学习的机会也很多。大学毕业了不代表自己有知识了，什么都会了。现在有很多名牌大学的学生进入社会就不再坚持学习，等待他们的只有被淘汰。一个真正成长的人，必须不断地学习，紧跟时代的步伐，做到与时俱进。

而学习能力的提高，可以实现智慧统帅知识的目的。我们需要关于生命和心灵的智慧；需要用一种以人类作为终极目标关怀的智慧；需要行知合一的实践智慧；需要高效的猎取智慧；需要明断的选择智慧；需要理性至上的批判性智慧；需要知识的应用智慧；需要系统的整合性智慧；需要不断超越的创新智慧。当有一天，你真的能拥有并能游刃有余地运用这些智慧，你也就真的成才了。

时间对所有人都是恒定的，人与人最大的区别就是看各自如何利用业余时间。如果能通过学习抵制不良嗜好和低级趣味的引诱，就可以走上成才之路，反之则滑向了平庸的泥潭。

年轻人在成长的道路上难免犯这样那样的错误。人们有很多思维的误区，只有通过学习才能改正。很多事情看上去是对的，实际上是错的。一个人做错事肯定是要找理由的，这是人的习惯，但我们要善于解剖自己，经常反省，保持清醒的头脑和不断突破的思维。这真是不容易做好的事，坚持一两天容易，坚持做下去就难了。而一旦你能坚持下去，也就离成才不远了。

良好的表达和沟通也是年轻人通向成功的桥梁。进入企业，如何与领导建立起沟通的渠道，及时地让领导发现自己的才能。这就要与领导形成互动，找个切入点与领导沟通，进入领导的视线，该表现时要表现。比如说，通过努力使业绩突出、给领导提供管理信息、直接向领导提出自己的观点等。进入社会，如何与相关单位建立起交流的渠道，并在这一过程中为团队、集体赢得更多的利益，这些都很重要。

如何建立良好的沟通？沟通前把概念澄清；检查沟通的真正目的；考虑沟通时的环境情况；听取他人意见，计划沟通内容；沟通时应在注意内容的同时注意方式，尽可能传递有效的信息，保持传送资料的准确可靠；既要注意切合当前的需要，又要注意与长远目标的配合；言行一致；听取他人意见要专心，要成为一名"好听众"。纳百川而后成海，就是这个道理。

从应试到考试

本节金句

对于社会而言，考试为全部人提供了一个相对公平、平等的平台；应试对社会而言是相对公平的，在没有出现更好的方法之前还将持续存在一段时间。在发展专才、解放个性和维护应试教育、保障社会公平上面，两者存在矛盾，解决这种矛盾其实是可以找到突破的办法的，比如特长生选拔就是这样一种探索方式。

和谐的师生关系是能让学生学好的重要因素。如果说一个学生敢跟老师平等对话，他就能学到东西。关爱教育也能让学生学好，热爱一个学生就等于塑造一个学生，而厌弃一个学生无异于毁掉一个学生。

我认为如今的教育考试本身没有错，就是我们的教育体系不完整。

现在有的施教者，视考试为法宝，天天考试，把学生考得昏头昏脑，天天难过还来不及，哪儿来的快乐啊？教的是"考"而不厌，学的是"做题"不倦。先贤提倡的"诲人不倦"老师做不到，那学生又怎能做到"学而不厌"呢？

很多人把自己学习的第一个专业技能变成终身从事的职业，这本身也是值得商榷的。学习本来就是为自身求生存、求发展的，所以既不能毫无目的地去学习，也不能一根筋走到底。

工作学习化，学习工作化。我们可以在工作中学习，在学习中工作，这样才能终身提高，才不会被时代淘汰。如果达不到时代的要求，就是不会学习的人，也是没有竞争力的人。

有时候跳出自己的专业、行业，去审视问题还是蛮有意义的——因为人往往"不识庐山真面目，只缘身在此山中"。

问：社□上流传着一句著名的"钱学森之问"——为什么我们的学校总□培养不出杰出人才？从古代到民国，中华大地上曾涌现出无数□大圣人、大诗人、大学者，为什么现如今却寥寥无几，是不□□门的教育出了问题？

答：□上对中国现代教育，尤其是应试教育多有诟病，这是事实。□们埋怨现在的教育让孩子丧失个性，埋怨应试教育让孩子压□、负担重，这也是实情。这个问题值得全社会深思。

对于社会而言，考试为所有人提供了一个相对公平、平等的□□，所有人都在考试，都以通过考试的形式获得选拔。有考试□□应试，所以应试对社会而言是相对公平的，在没有出现更好□方法之前还将持续存在一段时间。

虽然我认为应试是正确的，但是选拔体系还是可以提升的。□么考？考什么？应试的形式和内容是什么？由于教育体制的原因，导致现在唯分数论，不顾个人能力和天赋而要求所有学生面面俱到，所以才有了"一棒箍"的应试教育。

应试教育要求人人都成为"通才"，因此个人与生俱来的专才、特长或者天赋，往往在应试教育的大环境下被埋没、被扼杀了。南通的蛇药专家季德胜从没上过学，但他的蛇药对治救各类蛇伤确有神效，名声远播，被国外媒体誉为"神药"。如果放到现在，季德胜既没有学历也没有文化，早早就会被社会的选拔制度所淘汰。

在发展专才、解放个人和维护应试教育、保障社会公平上，两者存在矛盾，对于这种矛盾其实是可以找到突破办法的，比如特长生选拔就是这样的一种探索方式。

教育最好的方式是因材施教，在基于学生个人特点的前提下开展教育。教育追求的最终结果并不是大家都一样，更不是把高水平拉到低水平。真正的教育是为每个学生提供适合的教育，即因材施教，使每个人都能尽己所长，在人人平等享有公共资源的前提下，为个性发展提供更好的条件。

"有教无类"是孔夫子早在2500多年前就提出来的。对于老师而言，教书育人是"无类"的，对任何人都能开展教育，在原有基础上使其进步，不能因为贫富、贵贱、智愚等原因就把一些人排除在外。

"举一反三，闻一知十"是引导式、启发式的教育，学生吃透一个道理，能够运用到不同的题目中去，这种教育方法比较难，要求老师在专业层面有极高的造诣，才能融会贯通；"熟能生巧"是填鸭式的教育，方法容易也很常见，但效率低下，学生做百题才掌握一个道理，所以学得很辛苦。两者都是应试教育，但是"引导式"的应试教育还是"填鸭式"的应试教育，这需要老师去发挥创造。如果学生要通过反复做题的方式自行体会，容易对学习抵触、反感。几个老师坐下来一起研究班上学生的学习特点，引导学生掌握原理，做一个"好知者""乐知者"，关键在于老师采取的教育方法是"举一反三"还是"熟能生巧"。

和谐的师生关系也是能让学生学好的重要因素。记得我上小学念书时，老师刻意树立威严的形象，教的内容也简单，营造不了和谐、愉悦的氛围，所以这段学习经历并没有给我留下深刻印象。到了念中学的时候，正是"文革"时期，那时候农村的民办老师是拿工分，早上开早工，晚上下了课也干活。白天八点钟老师才洗洗手洗洗脚来上课。但是我却学得很好，为什么？我们跟老师的关系太平等了，老师没有一点点架子。上课要是没听懂，马上问。这种学习无拘无束，感觉特别的轻松，而且学得很

也有"龙生龙，凤生凤，老鼠生儿会打洞"的说法，但中国社会阶层的流动始终是畅通的。这不能不说教育功莫大焉。我们很多人的出生既不富也不贵，原来可能都是农民出身，之所以变成现在社会上的有用之才或者社会的栋梁，那就是受了教育再通过不断的选拔脱颖而出的。从这个意义上讲，我们的社会还是相对公平的。我一直觉得从科举开始，中国的教育与选拔就走上了一条正轨。"十年寒窗苦读日，今朝金榜题名时""十年寒窗无人问，一举成名天下知"，就是对它诗意的解读。在此之前寒门学子的上升通道很有限。汉代有个"举孝廉"制度，就是通过推举底层的那些孝子和廉洁的小吏去做官。但这带有个人的主观性，也带有偶然性，没有公平可言。

第二个问题，现在的教育只教书不育人，纯粹是知识的教育，这"教育"二字也就缺了"半壁江山"。中式的教育就是从孔夫子开始，他不光教学生读"四书五经"，他还教学生礼节，教学生智慧，就是所谓的授人以渔。跟你讲做人的原则，跟你讲道德、讲法律，用人格来影响你。用一个老师的人格尊严来影响学生，这是我们中国的传统教育。

这种教育不仅是以私塾的形式流传，还以师带徒的形式延续。举个很好的例子。山西的票号钱庄在当时是很有名的，也是很讲信用的。山西那么多钱庄很少有携款逃跑的，或是监守自盗的。为什么？就因为他们的教育方法就是师徒一带一教育。所有的东西从小跟着做，对人品的教育可谓是贯穿整个成长过程。在全程能力与品行教育的同时，还有对学徒长期的观察，从一个七八岁、十来岁的小孩教起，到二三十岁能做掌柜，是在这个环境里长期考察出来的。

现在的学校教育太功利了，上小学是为什么？为了考一个比较好的中学。上中学又是为什么？为了考上一个好的大学。上大学为了什么？为了将来考研，然后出去能找到一个挣钱多的工作，或者是铁饭碗的工作。这种学习目标，本身就极端，把学习变成了一种追求功利的手段。课业负担也把学生搞得疲惫不堪，天然的求知欲和学习的乐趣从根本上被摧毁了。

我们现在的教育是你教你的数学，他教他的化学，我教我的物理，教的是知识，上完课讲义一夹走人。每一个老师只教一门技术，没人教学生做人，这是把我们最重要的传统丢失了，人格的教育和性格的培养缺失了。现代教育使我们的教育碎片化了。传统的教育一个老师带很多学生，他一个人能教很多东西。现在很多老师不具备这个能力。别小看那些老少边穷的山村小学，那里的老师可不简单，一个人能教好几个班的语文、数学、音乐、体育……他们还天天与学生们混在一起，不光哪个学生的学习情况掌握得一清二楚，就连学生家有几口人几只羊他也了如指掌。你说这样的老师能不受学生的尊敬和喜爱？这些老师更接近我们的传统教育。如果有很好的资源，他们培养出来的学生一定是很优秀的。

现在，五六个老师可以教几百个学生。自从西学渐起，把学生当作生产线上的产品，一个模式，批量生产。其实是把西方工业化生产模式引用到我们的教育里来。这种教育看似热闹、高效，其实对育人来讲，是有所欠缺的。

我认为应该在中学里面开一些道德课、礼节课、法律课，我们中国传统文化中的"仁义礼智信"这样的优秀基因一定要讲清楚！教育考试本身没有错，只是我们的教育体系不完整。

以前我们上学的时候，班主任的作用非常大。遇到好的班主任带的学生就好，遇到不负责任的班主任带的学生就差。班主任就像一班之主，说话做事都很有威信。他们关爱学生，能做仔细的思想工作。发现问题，主动到学生家"家访"。而现在好多班主任形同虚设了，顶多就是没课的时候看看学生。学生在校有什么情况，全是一个电话把学生家长喊到学校里来，训一通话。还有过度依赖现代媒介，什么QQ群、微信群，有什么事在群里一发，谁还有工夫去家访啊。别的科目都有"教学大纲"，唯独班主任没有完整的教育要求大纲。思想品行教育的最后一道防线出现问题。以前要问孩子，你的理想是什么？孩子们大多会回答："我要当科学家，我要当医生，我要当解放军……"现在的孩子你再问他，将来长大了要做什么？他会很坦率地告诉你："我要当歌星，我要当影视明星。"问他为什么？能赚大钱，能赚快钱……

我们中国的一些传统的有效的教育方法，也在如今的教育中被丢弃了。早在两千多年前，教育大儒孔子就在《论语·述而》有过"不愤不启，不悱不发。举一隅不以三隅反，则不复也"的妙论。什么意思呢？孔子说：不到学生努力想弄明白，但仍然想不透的程度时，先不要去开导他；不到学生心里明白，却又不能完善表达出来的程度时，也不要去启发他。如果他不能举一反三，就先不要往下进行了。这其中的"愤"就是学生对某一问题正在积极思考，急于解决而又尚未搞通时的矛盾心理状态。这时教师应对学生思考问题的方法适时给以指导，以帮助学生开启思路，这就是"启"。而"悱"就是学生对某一问题已经有一段时间的思考，但尚未考虑成熟，处于想说又难以表达的另一种矛盾心理状态。这时教师应帮助学生明确思路，弄清事物的本质属性，然后用比较准确的语言表达出来，这就是"发"。在《雍也》一篇第21章中，孔子又说："中人以上，可以语上也；中人以下，不可以语上也。"他提出了"启发式"教学的思想。从教学方面而言，他反对"填鸭式""满堂灌"的做法，要求学生能够"举一反三"，在学生充分进行独立思考的基础上，再对他们进行启发、开导，这是符合教学基本规律的，而且具有深远的影响。

说到学习的境界，比如说"知之者不如好之者，好之者不如乐之者"，先贤提倡的最高学习境界，就是快乐学习，或者说能从学习中感到快乐。最高境界，是乐之。以学习为快乐，乐之者能有几个？徜徉在知识的海洋里，那是多么的快乐？这就是学习的一种境界，也是难以企及的一种境界。我们现在有的施教者，视考试为法宝，天天考试，把学生考得昏头昏脑，天天难过还来不及，哪儿来的快乐啊？教的是"考"而不厌，学的是"做题"不倦。先贤提倡的"诲人不倦"老师做不到，那学生又怎能做到"学而不厌"呢？因人施教、因材施教的教育方法必须得好好研究。

学习该不该有目的性？由于好多人学习目的性不够明确，人云亦云，随大流，结果往往很多人都学愚了或者叫学迂了。当初我学建筑，在学校里学了三年建筑。第一学期是基础课，要学数、理、化和英语。第二年是专业基础课，学工程力学、结构力学、理论力学，然后上什么钢结构、装饰结构这类结构学课程。真正学专业，只是那么半年多一点时间。所以我们毕业以后，就认为我学的是建筑，除了建筑，别的地方跟我的专业都不对口，我没办法工作。学一个专业就把它变成终生的职业，其实这是一个误区。改革开放前，大学毕业生基本上还是国家包分配，也没什么选择。分配你到建筑业，你不盖房子，那就失业了。这有坏处也有好处。好处就是，毕业后不用担心，工作是现成的；坏处就是，自我选择的余地就小了，你可能就终老在某一行业中了。改革开放之后，虽说国家不大包大揽，得自谋生路了，但就业可以选择的余地很大，水面很宽可任你畅游。当然，前提是你必须有真才实学。时代不同了，学习的目的性也就要跟着时代的变化而做出适时的调整。很多人把学习的第一个专业技能变成终身从事的职业，这本身就是一个错误。我们的学习目的本来就是为自身求生存、求发展的，所以我们既不能毫无目的地去学习，也不能一根筋走到底。

学习这个东西很有意思，一定要跟着时代走，跟着市场走。你只要掌握最前沿的东西，就能够成为社会的强者。这就是人生必须完成的从基础教育、学历教育到终身教育这个完整的过程。

问：听说你们当地有所重点中学，校长曾请您去为他"出头"，说他们学校的老师，一个个眼睛都长到头顶上了。有这么回事儿吧？

答：我们当地有个省重点学校。他们校长跟我说："我们这里的老师一个个都牛得不得了，一切都看不上眼，你来给我们讲一课吧。"我后来就在他们全体老师面前讲了一番道理："你们这些老师是全市最好的老师，没有两把刷子也来不了这儿。你们到这儿来做老师就必须要自信。"这是我的第一句话。但是，就凭你是最好的就能教育好学生吗？能教好语文，还能教英语、化学、数学吗？一个科目教得好，又了不起什么呢？一个好学生是一群老师培养的，是一个团队培养的，不是一个人创造的，要尊重其他专业的老师。接下来我说了这样一句话："你在这个中学把学生教得好，是因为我们有很多很多小学老师教得好，有很多很多初中老师教得好，你是来掐尖的。全市最好的学生送到你这儿来了。孟子讲，人生有三大乐事，一个是父母健在，兄弟无故；二是仰不愧于天，俯不作于人；第三个得天下英才而教育之。你教的是全市英才，在我们这个学校里没有一个是学不好的学生，只有不会教或教不好的老师。眼下不要因为学生学不好了，不自觉了，就小瞧他们，就放弃他们。坐在下面的学子，有很多就是清华、北大的料子，或是剑桥、耶鲁的料子，要充分尊重学生。学生里有很多是英才，真正的英才，千万别小看了他们。"我走了以后老师们都说我讲得真好，还有老师给我写了一篇文章《他山之石可以美玉》，他们不认为是攻玉，那本来就是个块玉，我们只不过使它更加美化了。我很欣赏他写的那篇文章，很有思想，文笔也好。

我觉得有时候跳出自己的专业、跳出自己的行业，去审视问题还是蛮有意义的，"不识庐山真面目，只缘身在此山中"。

从育人到用人

本节金句

企业要想引进和留住高端人才和专业型人才，最根本的是要练好内功，创造一个让人才完成事业的平台，提高企业承载人才的能力。要建立优秀企业文化，用文化吸引人才，用文化留住人才，用文化留住人心。人才在认同、接纳和融合于企业文化后，必定能最终实现企业发展与人才成长的双赢。

适合企业自身发展需要的就是最好的人才，能胜任本职岗位的就是优秀的人才。

造人先造心，造心先用情，企业要用人，要从"情"字入手。企业用的人来自四面八方，一人一脾气，如果不想办法将人心拢到同一个频道共振，那将一事无成。

做任何事都会有一部分人反对，有对立面，除非你不做事，才没有对立面。所以我说，一个领导在民主测评中如果拿到95%以上的票，这一定只是个老好人。那什么是最好呢？我认为是85%，有80%以上的人认可你，你就是很称职的领导了，敢得罪人，敢承担责任，敢决策，这才是正常的。只看百分比的高低来评判一个人是错误。

建设"和谐企业"，如果能从企业领导、管事团队和企业员工三类群体的价值观差异中寻找到"公约数"，平衡好各方的诉求和利益，那么也就离"企业和谐"不远了。

一个人如果连家都"齐"不了，怎么去治企业？最起码，与子女的关系、与父母的关系、与兄弟的关系要处理好，这是人和人相处的最基本的能力。在家里不孝敬父母的，或者跟兄弟为敌的，这种人我们基本不用，即便要用也会严格限制。

问：大凡搞企业的，都知道人才是企业最重要的核心竞争力。在选才、用才、留才方面，您有哪些高招儿？

答：俗话说，只有筑好巢，才能引来凤。企业也只有构建起专业齐全、结构合理的人才梯队和科学有序的管理团队，才能在经济发展大潮中拔得头筹，赢得先机。企业要想引进和留住高端人才和专业型人才，最根本的是要练好内功，创造一个让人才完成事业的平台，提高企业承载人才的能力。要建立优秀企业文化，用文化吸引人才，用文化留住人才，用文化留住人心。人才在认同、接纳和融合于企业文化后，必定能最终实现企业发展与人才成长的双赢。

企业引进人才首先要了解人才所需。人才要进入企业，他们关注和考察的主要有三个层面：第一层面是经济利益得到满足，能够养家糊口。第二层面是能否在企业内完成自己的事业。第三层面是自己今后还有什么发展和上升的空间。人才在考察企业时，除了要考察企业管理架构、人才层次等内部因素外，内心必定会受根深蒂固的中国传统思想的影响。选择企业还要选择地域。人往高处走，这是人之常情。这也是我们公司为何在上海、南京、北京、苏州等地购置办公楼的原因，这样才能在当地找到优秀的人才。

企业要引进人才，首先要搭建人才成长的平台，使人才有用武之地。其次要培养容纳人才的氛围，企业要有容人之量。要建立起开放式的优秀企业文化，建立一个非常公平的游戏规则，让所有人都能看到希望，进而从根本上留住人才。我们公司的股权流转机制为所有后来人，特别是优秀年轻人才打通了上升的渠道，让人才在企业中能切身感觉到触手可及的希望，能看到清晰的发展前景。同时，通过多种措施，以切实有效的方式留住人才。

我们南通四建的人才观是：适合企业自身发展需要的就是最好的人才！能胜任本职岗位，出色完成工作任务，为企业发展做出贡献的就是优秀人才。我们引进人才也不是为了引进而引进，而是在企业整体提高的情况下引进。因为从长远来讲，企业发展、科技进步与人才进步同步成长才是良性、和谐的发展。

背景链接

2010年，南通四建根据多年的考核结果，从数百名大学生员工中挑选出80多名进入后备人才库，加以重点培养，又从中挑选出20多名出类拔萃的可塑人才进入董事长培训班，由董事长亲授全新的管理理念和为人处世之道。目前，已有10多人被委以重任，成为公司可持续发展的栋梁之材。在长期的拼搏奋斗中，逐步成长起来的10多名研究员级工程师、500多名国家一级注册建造师，2500多名中高级工程师，8500多名管理人员，70000多名员工，已成为南通四建决胜市场的优势资源和强大力量。

问： 您在教育员工时，曾提到一个很新的词——"人格不要破产"，能详细说说吗？

答： 是的。我曾跟员工说了句很形象的话，我说："你们的人格不要破产。"企业会破产，同样道理，人格也会破产。企业破产可以换个名头重起炉灶；但是人格一旦破产，你总不能张三换个李四继续活着。所以我说一个员工，有些事不能做，永远都不能做。比方说一个大工程，摆明的上百年的工程，你做不好你的名声就坏掉了。作为一个建筑工人，你将永远被钉在历史的耻辱柱上。这类事你做了，那么你的人格就没了，就彻底破产了。

还有员工之间相互的关心，其实也事关人格。现场很多安全事故，不是设备不到位、资金不到位，是员工互相之间没有那种团结心。和打仗一样，战友受伤了，你不去拉他一把他就挂掉了，拉一把他就没问题了。这是做人的一种基本的修养，如果你做不到这一点，我认为你的人格就破产了，那你这一辈子就完了。不光是这辈子，还会影响子孙后代。所以我跟他们讲，无论如何不要把人格搞破产了。

问： 年轻人可以说是企业里最具活力的群体，也是思想情绪最容易波动的群体。如何做好这些年轻人的思想工作呢？

答： 这些年企业进了不少的年轻人、大学生，而且这些年轻人多数还都被安排在管理层。如何开展教育引导工作？我认为最重要的是要让他看到希望。我一直讲，人们都是活在希望当中的，一个人失去了希望，他就是行尸走肉。有希望，生活就有意义。给年轻人以希望，希望是什么？很简单，是上升通道。你到企业来，今天是施工员，明天可能是项目经理，以后可以成为经理甚至步入董事会。我们在这方面有着很大的创新，我们的股东、董事都不是终身制的。这样，年轻人不再是永远的打工者，有可能成为公司的决策者。这样再跟他谈合理、合法，谈奉献，谈人格底线，谈重视学习，就非常富有意义。所以对年轻人的工作，管理层要这么去做，教育引导工作要跟他们的生活、事业、基本需求相结合，而不是空谈贡献。

问： 企业的老同志，尤其是位于高管和董事层面的老同志，他们是单位的功臣，居功至伟。可这一"伟"，往往让人产生"骄、贪"二字。对此类老同志，又是如何做好工作的呢？

答： 孔夫子讲："少年戒色、中年戒斗、老年戒得。"老同志年纪大了，都想得到更多的分配，钱一下子拿走最好，这是个固有的毛病。那到了董事会这个层面，我要讲你的人生追求是什么。要忆往昔思今朝，要对比国企时期、改制前，以及现在的收入，要对比贡献和收入。财富相对过去已经有了几百倍的增长。这是成千上万在公司没有一分钱股权的普通职工创造的。从这个道理上来说，我们很多人就想通了。

之所以我们公司现在比较和谐，其核心就在这里。企业是大家共同的平台，每个人在这个平台上，获得了他的那一块，或者说成就了他那块事业，那就是最好的。一个企业应该是一个利益共同体，我们需要在各个层面做到相对公平。体制、分配体系、利益关系都要合理，只有这样企业才能和谐。

问：日本著名企业家，被誉为"经营之神"的松下幸之助说过："企业不是创造的，而是培训的，制造产品前，先制造人。"说说您是怎么"造"人的。

答：我的诀窍是——造人先造心，造心先用情。企业要用人，而人是来自四面八方的，一人一脾气，"三挂蹄子五挂心"，如果不想办法将人心拢到同一个频道共振，那将一事无成。都说心情心情，人心是离不开感情的。那我就先从"情"字入手。举几个具体工程中我是如何对员工用情的例子。

当年在上海建"江苏大厦"时，有这么几个细节。

那年33岁的我，在接到去江苏大厦工程担任项目经理的任务时，通过县里的电视台向社会公开招聘，亲自面试并将7名大学生、2名中专生招到旗下。我对他们的第一次谈话就掏心掏肺："这是个很艰巨的工程，能否赚钱我现在心里没底，愿意跟着做的，不能计较得失。我认为，不管能否赚钱，对个人来说，至少是一次锻炼的机会，像这种直接总承包，直接组织施工的机会，有人几十年也碰不到，如果我们能闯出去，就是实现了一次人生价值。"这段情深意切的话，起到立竿见影的效果，小年轻们纷纷表态："我们跟你干定了！"

到上海时，快要夏天了，公司又特地从无锡定做了几十只电扇。工人说："领导真是把我们的生活问题都管齐了。"别看这么一点生活上的小福利，触及的却是人情感上的敏感点。工人的自我感觉马上不一样了，说到了上海，真像是大都市的工人阶级了。谁都没有想到，在外干活还有这样的礼遇，企业如此善待职工，职工从心底感激公司。

有的工人非常节省，舍不得用公司发的新被单、新被子，偷偷地换上从家里带来的旧东西。我发现后对他们说："你们一天做到晚的，已经很累了，为什么不能睡得好一点，吃得好一点呢？我们自己不要委屈自己，我们要自己尊重自己。"这种涉及吃住琐事的关怀让工人体验到一种从未有过的受到尊重、受到厚待的感觉。

然而因我动用了工程预付款购置这些东西，就有人指责我乱花钱，甚至搬出条条框框指责我的这种做法不符合劳保规定。我的态度是：怎么对就怎么干。事实胜于雄辩，这种做法不仅充分体现了企业对职工的人性关怀，更提高了工作效率。后来这种做法改变了许多人的观念，众多企业也纷纷效仿。

在工地上，我们的标语牌、警示牌也与众不同，人情味很浓。施工现场写着"诚恳忠告：生命属于我们每个人，只有一次，我们应该好好珍惜他、爱护他——请善待自己，善待生命，杜绝违章，确保安全"；宿舍里写着"讲究卫生，方可享受"；厕所里写着"文明程度看厕所，讲究卫生靠大家"。我们不说"不讲卫生可耻"，也没有"违者罚款"之类的威胁。后来有位记者看了这些提示牌后很有感触，说这些提示牌"好像一阵阵沁人心脾的春风拂面而来，使踏进现场的您也情不自禁地自觉遵守这里的一切，融入爱整洁、讲文明、树形象的氛围中"。

当工程进行到第8层时，架子工组长找到我说，他们很苦，要求增发手套。架子工确实很辛苦，但增发手套不是解决问题的关键，我理解架子工的心情，无非想以一点物质上的"优惠"来平衡一下心理。我将心比心地想了想，人站在10层以上的高空，朝下看一眼都头晕，何况还要在直径不足5厘米的钢管或毛竹上行走，手里还要干活儿！对每个工种的认识都要以人的价值作为出发点。于是，我对他们说，增发手套没有充足的理由，但超过

10 层以后，架子工每个人每天可以增加高空补贴。架子工一听我的承诺比他们的要求高得多，而且关心到了他们的实际困难，十分感激，劳动积极性也高涨起来了，不仅活儿干得快，干得好，还主动帮助其他工种做好有关搭架子的事情。

这样"造"出来的工人，你说他怎能不死心塌地跟你干呢？

问： 改革开放之初，国内的建筑行业良莠不齐，又是个没有围墙的产业，只要有业务，一个人足以带动一支队伍。"抢人""挖人"一时弄得人心浮动、人心惶惶。你们当时是如何应对这种乱象的呢？

答： 那阵子，建筑个体户如雨后春笋纷纷涌现。相对于国企来说，个体户有三个长处：一是没有人员包袱；二是税费优惠；三是赚的钱全是自己的。所以巨大的诱惑形成了人才洼地，有人被收买了，有人跳槽了。没本事的人，人家是不"买"的，没本事的人也是跳不动"槽"的。走的都是骨干和顶梁柱呐！那阵子，到处都是走人的消息，走一个，牵动一批人的心。想走的，加快筹划；走不了的，心情烦躁。

如何紧急制止这种分裂的趋势，稳定人心，成了四建领导层必须解决的棘手问题。最终决定以心换心，用心待人，来增强企业的向心力、凝聚力。

然而实施远非如口头承诺那般。一段时间后清点人数，还是走了七个队长、书记。这个数字表明，空口说白话并不是最终解决问题的办法，只有实实在在的替员工着想才能稳定军心！

我的观点是，企业收入水平基本上达到比社会平均水平高一点，一般工人要比当地同等劳动力的收入高一点，南通四建的管理干部比其他企业的管理干部的收入高一点。只有把他们的利益考虑周到以后，他才能心服口服地跟你干。于是我再次调整了企业分配政策，实行"两个下放"。所谓"两个下放"就是分配权力下放和一般人员的使用权下放。即总账会计以上干部由各处推荐，公司聘用；总账会计以下干部，处主任可以自行聘用。公司根据各个处的效益确定分配额，超利部分四六分成，公司拿四，处里得六。超利部分每5万元一个台阶，5个台阶封顶。

改革后，积极性有了，管理上去了，材料节约了，工效也提高了，可谓事半功倍。骨干们再也不提要走的事了。

我们通过待遇留人、事业留人、感情留人和剩余价值留人，充分调动人才的积极性和创造性。近几年来，公司没有一个员工要跳槽离开公司的，相反的却有很多外单位的人才要求应聘到我们公司来。

问："和谐"一词，如今似乎成了一个随处可见的"热词"。您对此有怎样的看法呢？

答：从哲学的观点看，"和谐"原本就是一个差别概念。没有差别，就无所谓和谐。纯粹的"无差别境界"是不存在的。孔子说："君子和而不同，小人同而不和。"多元、差异、矛盾、斗争是"和谐"概念的题中应有之义。没有差别和矛盾，"和谐"就无从谈起。既然"和谐企业"是差异概念，那么，在培育价值观问题上，我们就要承认差异、尊重差异，在差异当中寻找"同一"。就我们公司而言，除业主和合作伙伴外，企业内部存在着诸多利益相关者，本位价值观和文化的差异显而易见。概括起来主要有以下三种：

企业领导的价值观。他们所体现的是精英文化，是企业主导价值观的倡导者、引领者。他们的素质包括：决定企业发展前景的远见，实现企业发展目标的使命，感召影响他人的激情，决定领导内在价值的驱动力，体现领袖魅力的凝聚力。他们追求财富和利益，但更多的是追求事业、名誉、声望和社会地位。

管理团队的价值观。他们体现出的是能人文化，是企业主导价值观和个体价值观相融的实践者。他们处于企业中间层，一般是"一专精，多专通"的能人，既具有灌输思想的能力，又具有贯彻行为的能力。他们大多追求名利，但更多的追求个人发展，平时工作积极进取，发奋向上，期望多出业绩，得到重用。

员工主体的价值观。主要体现的是工匠文化，是企业个体价值观的直接体现者。他们以手艺和体力获得报酬，求得一份稳定的工作。他们追求既得利益，不受克扣；追求公平公正，不受歧视；追求工作和生活条件不断改善，有安全感；追求企业不仅提供员工打工挣钱的机会，更能给他们生命中一段开心、有意义、有成就感的时期。

所以，建设"和谐企业"，如果能从企业领导、管事团队和企业员工三类群体的价值观差异中寻找到"公约数"，平衡好各方的诉求和利益，那么也就离"企业和谐"不远了。

问： 前面聊的话题中，有很多都涉及人才，能不能再举例说说您的人才观？

答： 我们考察人才的原则是：合适的才是最好的。首先，人要适应这个岗位。有人讲世界上没有废物，只有放错地方的宝贝。当然从物的层面来讲是可以这么理解。但是一个活生生的人，是具备多重性的、也是具备可塑性的。在我们的心中希望做到任人唯贤，但一个没有任何毛病的贤者是没有的。我们希望能找到所有我们认为是"贤"的人来为我们企业服务，实际上那是不可能的，所以我们就退而求其"适"，找一个最适合那个岗位的人，还是可以的，也是有效的。用人首先要了解人，要知道他的优缺点，长短处，因人施用，这是一个很重要的观念。

这就是所谓的考察人才。人是有多方面的，你在不同的岗位要用不同的尺子去量。一个人的才能对企业上来讲非常重要。但一个人的道德修养、对企业的忠诚度更重要。有些人看似本事很大不为你所用。内内外外、明里暗里搞事而不是做事，这种人只能是个歪才。人说："流氓不可怕，就怕流氓有文化。"一个有才能的歪才，要比一个蠢材可怕得多。对我们企业来讲，忠诚度就是职业道德。那怎么发现评判一个人的忠诚度呢？就是平时经营当中出现一些问题，看他怎么处理。

再一种是在生活中观察人。比如说看他的家庭关系，他与兄弟姐妹、父母的关系怎么样？所谓修身、齐家、治国、平天下，你连家都"齐"不了，你怎么去治企业？这就是一个道理，最起码家庭的关系，子女的关系，父母的关系，兄弟的关系要处理好，这是人和人相处的最基本的能力，家庭管理不好，事业肯定也难做好。在家里不孝敬父母，或者跟兄弟为敌的，这种人我们基本不用，即便要用也会严格限制。我们说看一个人的修养就是看他的点点滴滴，些许小事。你连家里的人都管不好，我这么大的企业，交给你，你怎么做得起来？

那么第三个方面，我们有时候观察被考察者的心态。人什么时候的心态最真实也最容易显露其本性呢？就是在放松的时候，在意外的利益面前，或者是酒喝多了之后，他的心态表现是最真实的。比如说我们打牌，这也是智慧的碰撞。出牌的技巧，同样是反映智慧的。人说"牌品如人品"。平时对领导，很尊重。领导一旦出错牌，立马气急红脸地指责："你怎么这么出的？"斤斤计较，这种人心胸就很狭窄，无论生活还是工作，与之都是很难相处的。如果作为一种娱乐，输了赢了，坦然对之，那这个人的胸怀就很宽大，跟这个人相处，就能够处得非常友好。

还有人打麻将听了大牌，心里就紧张了，就激动了，就沉不住气了，而且全表现在脸上。人没有心理承受能力，办不了大事的。所以说人在放松的时候，在那种利益相关的时候，最能观察到一个人的道德修养，对事情的驾驭能力。有的人不喜形于色，大牌小牌都无所谓，这种人才堪担大业。

再说喝酒。有些人平时很温文尔雅，酒一喝就不知道东南西北，成了"老子天下第一"。这种人好冲动，遇事处理时往往一根筋。喝酒能驾驭自己，喝了以后也不乱言，也不去做那些冲动的事情，这种人能用。诸葛亮《心书》有云："醉之以酒，而观其性。"也就是看看一个人酒后的德行。《庄子·列御寇》则云："醉之以酒而观其则。"则，就是原则。这里应解释为"仪则"或"规矩"。在生活上没有原则的人，做事情也会没有规矩，没有规矩不成方圆。这种人就不可以委以重任。乱规矩者，必定会扰乱正常的经营秩序，把一个企业搞乱。当一个人醉酒的时候，往往会原形毕露，内心的肮脏会暴露无遗。可以真实地反映一个人的价值观，什么时候都不乱来的人，是因为在他们的内心世界已经根深蒂固了一些观念。通过酒后吐真言，可以反映出来一个人的品德是否真正高尚。所以，没有事情的时候，不妨与人小酌几杯，让他们也酒后吐吐真言。

再讲一个很有意思的事情——我怎么考察人。我经常不经意中对某些人说："这个礼拜天有朋友来，你们有空的话就来一起参加接待，如果你们很忙的话，那就算了。"我是很不经意地说的，但是那天你来没来，我要在意观察的。你来和不来，我会将你对这个岗位，对公司的忠实程度关联起来看的。一次不来，可以理解，两次不来，就可以看出你不是把这公司当家对待，没有自觉性。有人不仅来了，来了之后又是搬凳子，又是倒茶水，很勤快。这种人处事就恰到好处，让人舒服。有的人踩着饭点才来。虽说最后一个到，好歹也来参加一下，也算过得去。我就在这些不经意间观察一个人的表现，这些不经意的行为就给我对这些人有了某些方面的判断。

别以为考察干部只要派人事部、派纪检前往就万事大吉了。这种考察要么全说坏话，要么全说好话。我们很少叫人事部门和组织部门去考察一个人。我要了解一个人，就开一个小型座谈会，而且我经常说的，如果我是董事长，我就一对一地谈话。你只有一对一交流，面对面，才能听到真心话。所以真正要考察干部一定是一把手工程，不要指望组织人事部门去考察干部，重要的领导岗位一定是自己亲自考察，这样才能获得真正的信息。走组织程序，没有几个人说真话，现在人都很聪明。所以在用人方面要有这个思想，一个是要弄清这个人的个性，然后再看看能把他放到怎样合适的岗位。做大事的人一定不用怀疑的人，一定是用相信的人，这样才能避免重大失误。

第三部分 生活篇

从美容到美丽

本节金句

外在的美容可以遮掩衰老，却无法阻挡衰老。因为美丽的根在心灵。真正的美丽一定要从"心"开始，从"心"向外散发的美丽，才是真正的美丽，是岁月侵蚀不了的美丽。

女人就像一本杂志，容颜就是杂志的封面，智慧的心灵就是内页，封面吸引了男人的视觉和第一感觉，可真正让男人长久留恋的，还是杂志中有趣、有爱的内容。

一个人的生命从年轻到衰老，是无法抗拒的自然规律。心态年轻，热爱生活，充满自信是最有效的美容。现实中你常常会发现，一个 80 岁的老者比一个 18 岁的青年更有魅力。为什么？因为前者的心灵没有刻上皱纹，而后者的心灵却布满了苍老。

书香和才气是女人心灵美容最有效的护肤品，也是让她由内而外地散发出美丽不竭的源泉。女人若有"三日不读书面目可憎"的思想高度，那她高雅的品位就会自然生成。

人心向善是社会和谐发展的根本动力，"善"是和"真""美"连在一起的，人因善而美丽，企业因善而和美，国家因善而美好。

现在有些企业家拿企业的钱、国家的税收和人民的财富在进行所谓的行善，又被各大媒体报道，让大家都知道他在行善，那就背离了善的本义，是伪善。

要想获得美丽人生，你就必须把握一个"简"字。生活简，不追求奢华；物欲简，不贪婪多占；耳朵简，不道听途说；眼睛简，不眼花缭乱；社交简，不苦于人事；心思简，不浮躁迷心；言语简，不搬弄是非；饮食简，不胡吃海喝；衣着简，不穿金戴银。一个人生命是有限的，他的追求也应该是很简单的，最简单的事就是把自己的事情做好，永远跟着时代的发展，就这么简单。

问： 爱美、审美也是人类的基本活动之一，而且这里面似乎有些分工——女人负责"爱美"，男人负责"审美"。您认为女人何为美丽，男人怎样鉴赏美丽？

答： 这看上去是个关于女人的话题，其实是男女双向的话题。"女为悦己者容"，这句话已被传颂了数千年。这话里的"容"，历代有好多解释。现今流行的还是"装扮""打扮"一说。女人爱美是天性。在如今这个时尚社会里，美容可以让每一个女子都成为"西施美人"，不是一个太大的问题，问题是一些女人除了美丽的躯壳外，我们还能看到什么呢？生活中，有不少女人很舍得花时间、花精力、花钱财来美化自己的容貌。爱美之心人皆有之，这无可厚非。可惜无论修饰得再完美的容颜，最多也只能算是"养眼"而已。外在的美容可以遮掩衰老，却无法阻挡衰老。因为美丽的根在心灵。真正的美丽一定要从"心"开始，从"心"向外散发的美丽，才是真正的美丽，是岁月侵蚀不了的美丽。

在男人眼里，女人就像一本杂志，容颜就是杂志的封面，智慧的心灵就是内页，封面吸引了男人的视觉和第一感觉，可真正让男人长久留恋的，还是杂志中有趣、有爱的内容。所以，仅有靓丽的外表远远不能满足男人对女性美的追求。

美丽更是一种健康的心态。一个人的生命从年轻到衰老，是无法抗拒的自然规律。心态年轻、热爱生活、充满自信是最有效的美容。现实中你常常会发现，一个80岁的老者比一个18岁的青年更有魅力。为什么？因为前者的心灵没有刻上皱纹，而后者的心灵却布满了苍老。忧虑、恐惧、缺乏自信使一些年轻人佝偻于时光的尘埃之中。无论是80岁还是18岁，如果我们对生活总是充满新鲜感和乐趣，对周围的事物充满好奇心和求知欲，从有限的时空中感觉出无限的美好、希望、乐观和力量，我们就能永葆美丽。

梅花香自苦寒来。经过岁月之刀雕刻过的女人，才会有宽厚、智慧、纯真、善良的心，才会生成自己独具的内在气质和修养，才会有自立、自信、自强的人格，才会有岁月遮盖不住的从容、休闲、优雅的魅力。这是从内到外统一和谐之美丽，是岁月无可奈何之美丽。

其实要让女人显得美丽，还有一个不二的法宝——读书。"腹有诗书气自华"，庄姜是春秋时齐国公主、卫庄公的夫人，相传《诗经》里《燕燕》为其所作。庄姜可谓诗经时代美女代言人。汉代大史学家班固的祖姑班婕妤，是辞赋发展史上极少的女作家之一，也是较早的五言诗的创造者。蔡文姬是汉代文学家蔡邕的女儿，有深厚的家学渊源。鱼玄机是一位女道士。她的诗作大胆而多情，欢喜、悲哀、忧郁、柔情都会坦荡荡地跃然纸上。宋代李清照，大家都知道她是婉约词派的代表人物，可她有些诗却雄浑豪迈，内容涵盖面很宽泛。

可见书香和才气是女人心灵美容最有效的护肤品，也是让她由内而外地散发出美丽不竭的源泉。女人若有"三日不读书面目可憎"的思想高度，那她高雅的品位就会自然生成。

除了读书，女人也可以多多接触一些经典的艺术片、古典音乐、歌剧、舞剧、话剧、音乐会等不同门类的艺术品。这些东西的美容效果，要胜过那些乱七八糟的化妆品百倍千倍。

还有一点别忘了，专注自己的事业也能让女人变得美丽。咱们的首位女宇航员刘洋，你能说她不美吗？获得诺贝尔奖的屠呦呦，你能说她不美吗？专注事业，事业才能取得成功。成功的事业就是对社会奉献，奉献则是一种大美！

问：人心向善是社会和谐发展的根本动力，这是您曾在一次党课上提出来的观点。能详细说说这一观点吗？

答：人心向善是和谐发展的根本动力。那一次党课上，我从个人的善、企业的善和国家的善三个层面，来讲如何正确地认识"善"。"善"是和"真""美"连在一起的，人因善而美丽，企业因善而和美，国家因善而美好。

中华文明上下五千年，先后出现了道教、儒教、佛教等，这些宗教的共同点是教导人要与人为善，要善待社会、善待他人、善待自己。善的定义是什么？我认为，善就是为他人、为社会服务，不计回报，不索取报酬，这是基本的善。同时善又是广义的，有多种形式和表现。人心向善是和谐发展的根本，也是我们中华民族优秀的传统文化，我们共产党员应该做优秀传统文化的坚定继承者和发扬光大者。

孟子说过："恻隐之心，人皆有之；羞恶之心，人皆有之；恭敬之心，人皆有之；是非之心，人皆有之。"这"四心"是人区别于动物的根本标志，也是人本性善使然。如果一个人做到了这"四心"，就拥有了仁、义、礼、智，就达到了"善"。

对个人来讲，善的基础是拥有恻隐之心。善是人与生俱来的，一个人对他的同类也好，异类也好，在他们经受痛苦、需要帮助、遭受灾难的时候，能伸出援手，帮人一把，体现自己的恻隐之心，就是善最基本的东西。中国启蒙教育读本《三字经》的第一句话是"人之初，性本善"；老子《道德经》讲到"上善若水"；佛教里有世世轮回、因果报应、普度众生，传统文化的很多思想中都提出善并极力推崇善。现代社会，中国共产党的宗旨是全心全意为人民服务，为人民服务就是不图回报，不计索取，这与中国的传统文化是一脉相承的。

"上善若水"是什么意思？"上善若水"出自《道德经》第八章："上善若水，水善利万物而不争，处众人之所恶，故几于道。"它的意思就是：最高的善就像水一样，水善于帮助万物，却不与万物相争，让自己停留在人们所厌恶的地方，所以水是很接近"道"的。那么水都有什么特质呢？我认为，水是无色透明的，最卑微也最不起眼，但一切生物都不能离开它而存活。水以柔弱为品德，不与人争。随物就形，顺从引导，该流则流，当止则止。它默默地滋养着万物，却从来不求回报。水，避高趋下是一种谦逊，奔流到海是一种追求，刚柔相济是一种能耐，海纳百川是一种胸怀，滴水穿石是一种毅力，洗涤污秽是一种奉献。

这不正近似于老子所说的"善"吗？居善地，心善渊，与善仁，言善信，正善治，事善能，动善时。真正怀有善心的人，总是能把自己放得很低，他们做了好事从来不希求回报。他们胸怀宽广，内心沉静安宁，知世故而不世故。他们仁慈友爱，真诚守信。他们语言平实，从不矫揉造作。他们管理人、事总是柔和有序，大公无私。他们做事量力而行，不好高骛远，他们总能在合适的时候做最合适的事情。

由老子的"上善若水"，我们也想到，善行是不分大小的。高尚的品德，更应该来源于生活中一点一滴爱心的积累。善良，不是挂在嘴边的一丝虚假的微笑，不是言不由衷的话语，更不是一种廉价的卖弄行为。它应该源自于内心，无关身份、地位，无关学识、经历，它如水般于无声处见真情，于无形处显挚爱。善良的人，更懂得善待生命，热爱生活；善良的人，也一定会拥有更丰盈的人生。

我认为行善不是有钱人的专利。有句成语叫"乐善好施"，意思是喜欢做善事，乐于拿财物接济有困难的人。因此，有人就狭义地理解为行善是有钱人的事情，拿钱修桥补路，资助弱势群体等是善举。其实，善可以表现在很多方面，普通老百姓也可以行善。古语说"日行一善"，下雨时顺手帮邻居收下衣服，别人拿重物时帮忙搭个手，这些都是善事。所以行善不存在地位高低、有钱无钱和善大善小的区别，只要有善心，任何时候、任何地点都可以行善。善不是为了达到某种目的、获得某些回报而做的。善是人皆有之、与生俱来的，不要觉得自己没有能力行善。

善分真善和假善。亚里士多德说："理想的人以施惠于人为乐，但却会因别人施惠于他而感到羞愧。因为能表现仁慈就表示高人一等，而接受别人的恩惠，却代表低人一等。如果我们想得到快乐，那就不要去想感恩或忘恩，只有这样才能真正享受到施与的快乐。如果为他人的付出时还心想，他应该感激我，我应该得到回报。那根本不算是付出，那就是交换条件。"因此，行善还要有智慧，不能让受助者有所愧疚，要给他们尊重和尊严。我们要做"乐善"者，从帮助别人的过程中获得个人的快乐，让受资助者感恩戴德是对他们的一种羞辱，那是"伪善"。我们企业每年都会参与通州贫困大学生入学时的募捐。我对他们说："当今社会还不能人人富裕，所以我们企业有义务为社会做点事情。我们的资助，不是简单的扶贫济困，更是对不屈从于命运的勇敢者的认可和勉励，这是社会的关爱，你要感谢这个社会。当你们有一天有能力和实力的时候，要用你们的爱心，去帮助那些需要帮助的人，把这份爱心和善意传递下去。"

前几年到山西乔家大院参观，当地导游热情地介绍乔家大院的雕梁画栋，精工细作，最后还讲建造乔家大院的瓦工一天只要砌两块砖就可以拿一天的工钱，吃一天的饭，以此说明乔老爷的讲究。我当时就觉得这个导游没有领悟乔老爷这样做的真正意图，其实乔老爷是在行真正的大善。乔家周边肯定有很多贫穷的人，生活没有着落，吃饭也有困难，如果仅是给他们送点米或支口大锅烧点粥，那么，拿他米、喝他粥的人肯定会觉得没有尊严，抬不起头，这种善其实是对人性的一种摧残。而乔老爷通过安排他们做事支付报酬的形式来资助他们，让他们认为自己是在用劳动换取报酬，是理所应当的，工钱拿得心安理得，尊严也不会丧失，心里也不会有负疚感。乔老爷的这种善就像春雨润物一样细无声，在不知不觉中给人以帮助，这是善的最高境界。

现在有些企业家拿企业的钱、国家的税收和人民的财富在进行所谓的行善，又被各大媒体报道，让大家都知道他在行善，那就背离了善的本义，是伪善。共产党员也好，职工也好，不管是行大善还是小善，也不要管自己有多大能力，能行多少善，只要从小事做起，从自我做起，不图回报，就是在行真正的善。

谈到真善，我认为福耀玻璃集团的董事长曹德旺老先生是一位真正的慈善家，因为他捐赠的每一分钱都是他的个人所得。我还记得，曹德旺老先生讲过，他也不是一个毫不利己专门利人的人，他赚到钱首先是拿来发展企业，其次是把自己生活搞好，把家人安排好。如果家人没安排好就去帮助别人，这对家人不公平，也不是真正的善。把家人安排好之后，他就为社会捐款。他在给慈善基金会支付 20% 的相关费用后，要求慈善基金会把他捐赠的所有善款都分发给最需要资助的人。就目前而言，中国像他这样的人少之又少。我们公司工会做了那么多善事，捐了那么多善款，但从来没有拿公司的一分钱，都是在职工中募捐过来的，我认为这也就达到了行善的基本标准。

拥有羞耻之心是善的第二个层次，即一个人不做坏事，不去坑蒙拐骗，不做没有诚信的事情，每个人都能做到这点，社会就不会出现腐败、伪劣产品。我们党经常教育领导干部，要反腐倡廉、勤政为民。

什么是恭敬之心？恭敬之心，就像刘邦看到秦始皇时发出的"为大丈夫当如是"的恭敬感一样。人的恭敬之心是天生的，恭敬某人无可厚非，但是要有选择。父母从生养了我们那一时起，就一直在保护着我们，牵挂着我们。先秦诸子的思想言论流传两千多年，至今我们仍能从中汲取营养，感到温暖。还有历朝历代的伟人们，他们为社会进步和发展做出巨大贡献，为我们今天丰富的物质和文化生活奠定了基础，他们都是最值得我们尊重和恭敬的人。可是，现在有些人对父母的辛勤劳作不屑一顾，而对影星、歌星、体育明星疯狂崇拜，这样的人对恭敬之心就缺乏正确的选择。

要有恭敬心就必须先要懂得尊重他人。我在清华大学与研究生交流时讲过，自信本身不是什么缺点，如果对什么都盲目自信那就离失败不远了。人不可能什么都自信，什么都是第一，在航空航天领域的第一不一定是医学界的第一；在哲学上的第一不一定是生活中做家务的第一。自信、骄傲来自于自身所在的行业，但谦虚是来自于自己所陌生的行业，只有在自己行业里自信，在其他行业中谦虚，才能成为一个完整的人。每个人都有特长和选择，所以做任何事情，都应该尊重别人，对别人怀有恭敬之心。

孔子讲："乡愿，德之贼也。"乡愿就是老好人，现在很多人没有是非之心，只是老好人一个。孟子讲，没有是非之心，安能称人？姑息人，其实是害了人；分清是非，把一些不良的事情扼杀在萌芽状态，及时地给予忠告和处理，其实是对一个人真诚的帮助。是非不分绝不是件好事，会毁了一个人的前途；是非不分的老好人也绝不是真正意义上的好人，我们共产党人应该疾恶如仇，是非分明。

从中国传统文化解释现代社会生活，是非常有现实意义的。我讲人心向善是社会和谐的根本动力，是因为我们传统文化中有很多优秀的东西，需要我们去传承。中国共产党的宗旨是全心全意为人民服务，是根植于五千年传统文化上的，是与中国革命的具体实际相结合的。

善的第二个层面是企业的善。企业的善，分为内部的善和外部的善两个方面。

企业内部管理的关键是利益的和谐、制度设置的公正、分配体系的合理。我认为，企业和企业家的善就是要把企业搞好，公平公正地对待所有的员工，把内部制度建立好，照顾到大多数员工的利益，让员工得到实惠。现在，我们企业虽然改制了，但利益仍是大家共同所有的，而不是几个股东的，我们的改制是兼顾到企业均衡发展的，这就是善。我在南通四建这么多年，始终坚持并做到了这一点，这是一个企业家的职责所在，也是真善所在。

我认为，一个企业是一个利益的共同体，做企业应该考虑团队的共同利益，一荣俱荣，一损俱损，不能因为股东拿多了而少给了职工，也不能因为职工拿多了而少给了股东，企业内部的关系从根本上讲还是利益的和谐，如果利益不能和谐，做百年老店只能是天方夜谭。

企业的善还表现在惩恶扬善，"惩恶"本身就是善。企业的害群之马不清理掉，那些吃里爬外的人不去处分他，道理何在？企业只扬善和奖励是搞不好的，对坏人坏事不进行惩罚也是不行的。《管仲·君臣》说："是故知善，人君也；身善，人役也。"意思是说知人善任的应是君主，事必躬亲的应是臣子。一个企业的领导者，只做老好人是搞不好企业的。管仲还说，"君身善，则不公矣。"意思是如果国君事必躬亲，做老好人，这样就会不公平，做企业同样也是这个道理。孟子说："以善服人者，未有能服人者也。以善养人，然后能服天下，天下不心服而王者，未之有也。""以善养人"指以善的心、善的思想去教育人，培养人，使人们心悦诚服；"以善服人"是指运用权威的力量来使人为善。运用自己手中的权威来做善事，当然也是值得肯定的，但人们并不一定是心甘情愿地服从于你。最成功的做法不是让人们慑于权威而不得不服从，而是能够让人们发自内心地自觉追随。一个企业家不以善去培养人，教育人，而是事必躬亲，企业是做不好的。不能什么事都"我"字当头，什么事都首先考虑到自己的利益。企业家要心善，做的事情要对大多数人有利，要时时考虑企业的大局、整体的发展方向，这也是企业家最高的责任。

企业外部的善针对的是社会，最基本的表现是质量立企，质量兴企，正确处理企业与社会的关系。企业自身要诚信经营，依法经营。善的表现在于不去坑蒙拐骗，不生产假冒伪劣商品。建筑企业把工程质量做好，为人民建造舒心和放心的工程，这就是"善"。现在我们每年都在争创鲁班奖，其实这就是我们公司的"善"。

企业外部的善还表现在积极回报社会。企业发展后，要利用自身资源为社会提供方便，做贡献，履行企业的社会责任。这包括两个方面：一是积极投身社会公益事业和慈善事业。比如在发生灾难时、学生因贫困不能上学时予以资助，每年向慈善基金会做一些捐赠。这是企业在为整个社会承担责任，使我们的社会环境更加和谐。二是在突发性事件面前，要有众志成城的决心和敢于担当的勇气。在国家、民族遭遇突发性事件时，在不可抵抗的外力影响下，要有"皮之不存，毛将焉附"的危机感，更要有"天下兴亡，匹夫有责"的责任感，要有"明知山有虎偏向虎山行"的勇气，更要有"明知不可为而为之"的志气。

在谈了个人和企业的善之后，再来谈一谈国家的善。国家也有善政和暴政之分。例如国家出台不合理的苛捐杂税政策等，这就是国家的暴政。秦统一中国后，虽然采取了一些促进社会发展的措施，但是，秦王朝的残暴统治和对人民的无限搜刮，给广大劳动人民带来了新的灾难，使农民阶级和地主阶级直接矛盾日益激化。秦始皇对农民的统治和剥削是非常残酷的。田租、口赋、徭役和兵役是压在农民头上的沉重负担。秦始皇为自己修建了豪华的阿房宫和巨大的骊山墓，每年役使七十多万犯人和奴隶。繁重的徭役使成千上万的农民脱离生产，社会经济遭到严重破坏。对人民施行严刑峻法，劳动人民稍有反抗，就会遭到残酷的镇压。

秦始皇不仅生前为自己建造豪华的宫殿，而且还为死后准备了同样豪华的骊山墓。虽然秦始皇在统一六国后"收天下之兵，聚之咸阳，销锋镝，铸以为金人十二，以弱天下之民"，认为这样人民就不会反抗秦朝，可是他错了，在他死后仅仅几年，强大的秦帝国就被淹没在了农民起义的汪洋大海之中。这是国之暴政的必然结局。

贞观之治是指，唐朝初年唐太宗在位期间出现的政治清明、经济复苏、文化繁荣的治世局面。唐太宗继承唐高祖制定的尊祖崇道国策，并将其进一步发扬光大，运用道家思想治国平天下。唐太宗知人善用，广开言路，尊重生命，自我克制，虚心纳谏；并采取了以农为本、厉行节约、休养生息、文教复兴、完善科举制度等政策，使社会出现了安定的局面。对外大力平定外患，尊重边族风俗，稳固边疆，最终取得天下大治的理想局面。因其时年号为"贞观"，故史称"贞观之治"。贞观之治为后来全盛的开元盛世奠定了重要的基础，将中国传统农业社会推向鼎盛时期。这是真正的国之大善。

问：在跟您交往的过程中，经常听到您关于美学的观点。您推崇的"大美至淡"，是为何意？

答：老子有"大象无形""大音若希""大辩若讷""大巧若拙"的教悟。著有《文心雕龙》的刘勰也把"隐秀"视为艺术审美的标准。而宋人讲得最多的便是雅淡、简约的趣味，如苏东坡的"精能之至，反造疏淡"，欧阳修的"古淡有真味"。我这个"大美至淡"，也是从这些先贤的智慧中悟出的道理。

其实，真正美的东西，都不是复杂的东西。小孩儿的一个稚纯微笑，谁人不爱？二胡双弦，却能奏出天籁神音；书法一线，能写出无穷妙意……这些都在向人们昭示着审美哲理——至简为好。当然简，不是简单，而是经过去粗存精、去伪存真的一种美的升华。大美至简的美，是那种雅而不俗，淡而不寡，柔而不弱的美。大凡刻意雕琢过的美，都不是真的美。比如家具，清式的就很复杂，雕了很多盘龙花柱，但那并不是真美，它给人的感觉就是雍容华贵。而明式家居很简洁，线条明快，看着就很顺眼。画一幅画，如果画得满满的，五彩缤纷，那给人的感觉只能是乱七八糟，毫无美感。齐白石寥寥几笔画出的虾却是活灵活现，美意无限。中国文人画，最高境界就在于简，在于留白。留白并不是真正的空白，而是把想象空间留给审视观览它的人。

老子主张"大道至简"，庄子主张"大美天成"，其本意是一样的，即简洁为真、自然为美。此乃生活之真谛、人生之精义。同样道理，你的人生刻意去装饰自己、美化自己，也是很痛苦的一件事情。人生过于复杂，就并不是美丽的人生。要想获得美丽人生，你就必须把握一个"简"字。生活简，不追求奢华；物欲简，不贪婪多占；耳朵简，不道听途说；眼睛简，不眼花缭乱；社交简，不苦于人事；心思简，不浮躁迷心；言语简，不搬弄是非；饮食简，不胡吃海喝；衣着简，不穿金戴银。一个人的生命是有限的，追求也应该是简单的，最简单的事就是把自己的事情做好，永远跟着时代的发展，就这么简单。

让我做项目经理，我会认真把它做好；让我做建筑公司老总，我会把它做好；叫我做总指挥，我一定会做好。不要一边做一边想着明天要升个什么官，做个什么长，我从来没有想过这些。有人说不想做将军的士兵不是好士兵，我反对这句话。一个才当士兵就想做将军的人，一定不是好士兵，就是将来当了将军，也不一定就是好将军。中国还有个成语叫"好高骛远"，说的就是那些不脚踏实地成天胡思乱想的人。作为士兵，只有一门心思先把士兵做好，那才有可能成为班长。认真把班长做好了，才有可能成为排长……一步步做下去，最终才能有望成为将军。一开始就胡思乱想，那是本末倒置，永远达不到目标，这是我的理论。做工人就做好工人，做农民就做好农民。

前些时日，碰到一个做"农家乐"的老板。他弄了很大的一块地，搞这搞那的似乎都没搞成，连种点"绿色蔬菜"都出不了苗儿。他很困惑，向我请教："耿总，我们这么多地，怎么种个菜都不出苗的？"我跑过去一看，一大片地高高低低。我说："你知道种地时，最基本的该做什么吗？地要平。看到过那大寨的梯田了吗？即使是山坡也得先把它搞平。这地为什么要平呢？那就是为了保水保肥，专业说法叫'保墒'。你看这儿的地，高的高，低的低，一下雨水和肥都流失了，怎么种得出东西呢？再看看这样下菜籽秧，能出苗吗？"他说："怎么了？"我说："我跟你讲，你缺少两个东西：一把喷壶、一张塑料薄膜。那个菜籽很小很小，撒在土里用脚踩一下就够了，不能用耙子耙，深过两厘米就出不来。另外种子发芽必须要有水分，没有水，它不发芽的，土壤表面怎么保持水分？大太阳一晒，地里表面水分就没有了，这个菜籽放在干地里，它怎么会出芽呢？要用水壶喷水，有太阳的时候要喷水，三个小时喷一次水，保证种子在地里能够发芽。如果天气不好下大雨了，必须用一张塑料薄膜把它盖起来。如果不盖，雨一打，那菜籽就露出来了，怎么发芽呢？"那老板听得连连点头，说没想到耿总种地也是个内行。

我说我是在农村长大的，没吃过猪肉还没听过猪叫过？种地也有种地的道理、种地的规矩，不好好观察、好好研究怎么行呢？这种地就是春生夏长，春种秋收。同样都是种子，它的大小不同在土地里种下的深度也是有区别的。一个油菜籽，它很小，那下种时就应埋浅些，埋深了它就长不出来了。一个蚕豆种，个头大，下种时就可以埋得深些。所以种子的大小、能量，跟你种在土里的深度、含水量、温度、阳光照射，都是密切相关的。这个都不懂，你怎么能种地呢？

我的人生很简单，第一要我做什么，我就把这个事做好。第二就是"圣之时者"。一个聪明的人要跟时代走，你不跟时代走，你永远成为不了一个胜者，或者说智者。因为时代不断地改变，人生也在不断地改变，一定要适应时代发展，这是必需的。这不是那种所谓的明哲保身，它是一种人生哲理。无论是一个士兵还是将军，都要找准自己的位置。士兵的责任是冲锋陷阵，如果冲锋号吹响了，还在战壕里趴着，那你就是个懦夫。反之，冲锋号一响，将军也带头冲出去，那也不属于勇敢。将军的位置应该是在最安全的地方，指挥千军万马，这才是你的责任。因为这么多人都交给你，你要把他指挥好，运作好，能打胜仗。如果将军也逞一时之勇，冲到最前面，你没有了，所指挥的整支军队就会成为败军。这就是把自己的位置放错了。

所以，人生在世，要做到简单，就是在合适你的位置上，把事情做好。

从家庭到社会

本节金句

做父母的要留点路给子孙后代走走。

我常对员工讲，把一个单位当成家，你就会认真负责地做好每一件事，你也会得到快乐，工作再苦也不会觉得难以承受了。单位领导更是这样，如果你用经营家的理念来经营单位，这个单位就有希望，"家和万事兴"嘛。

我们这些出生在农家的人特别愿意学习别人比我好的东西。因为我知道我可能比不上人家，但我总能够改变自己不如人的地方，我可以不断改变自己的习惯。长期的积累，总能集小善为大善，最终总能趋向于"贵"。

有些人在外面受了委屈，回家拿老婆孩子出气；有些人在外面指挥惯了别人，回家还继续指挥家人；有些人在外面是老板，回家了还想当老板，在外面讲官话，回家跟老婆孩子也讲官话；有些人跟家人斤斤计较，亲兄弟之间借钱还要写借条，认为商品经济就应该这么做，亲情不顾了不要了；还有的有了钱以后就抛弃家里的老婆。我认为这都是道德修养出了问题。这种人没有担当，没有道德。

家庭是个港湾，是你身心休息的地方，是你终身依靠的地方，也是必须付出真情和爱的地方。一个家庭如果只谈金钱，没有亲情，那就不能称之为家。

问： 都说家庭是孩子的第一所学校，父母是孩子的第一任老师。说说您在这所"学校"里的受益吧。

答： 我是 1960 年 2 月 14 日出生的，阴历是大年初六，正好是国家最困难的时候，三年自然灾害。我的家庭算是比较特殊，因为我的父亲是知识分子，还不是一般的知识分子。他读书的时间比我还多，一直读到 26 岁。他先是上私塾，后来上师范。又跟着我们那边一个比较有名的老先生学中医。新中国成立以后他到金沙当过老师。新中国成立之前他的事情我说不大明白。那时候老家还是"国统区"，他加入了地下党，在一个联防队做指导员，是个老共产党员。后来整个新四军的部队北撤，因为他是本地人，就留下来做了老师。新中国成立以后，他去了农村，一直到去世，我父亲的身份就是农民。因为他以前从没有干过重农活儿，为了养活我们兄妹五个，40 岁的他只能拼命干农活儿，只干了四五年身体就垮了。因为有这样一个经历，他一直都特别压抑，在我小时候的印象里父亲总沉默寡言、郁郁寡欢。父亲 55 岁就去世了。

因为父亲有文化又会看病，在村里很受人敬重。在我的记忆中，每年年底，家里的红纸多得不得了，那是父亲帮左邻右舍写门对子用的，要写十几天。

我妈妈是一个地地道道的农村妇女。我们家庭虽然普通，但对子女的教育很严格。我 1966 年开始读一年级，1976 年高中毕业，读了 10 年书。因为父亲有这么一个历史背景，两个哥哥读初中时成绩都很好，却没能上高中，只能回家种田了。在我家，有一个非常重要的规矩，就是读书的时候，一定是读书为主，家里再穷，也不让下田干重活儿。无论做什么事，就要专心把事情做好，这是我家的家规。所以我两个哥哥没读到高中，我和两个妹妹都上了大学，都是考取的。

我 1976 年高中毕业，1977 年下半年才参加高考。而就在这一年，我的老父亲去世。去世前，父亲头脑很清楚。他对守在床边的儿子留下的最后一句话是："害人之心不可有，防人之心不可无。"

我爱父亲，更尊敬父亲坚强的性格和不屈的人格！

1978 年终于考上大学，如愿以偿考取了南京建筑工程学院工民建专业。三年后，作为恢复高考后的第一批大学毕业生，我在自己的分配去向表上郑重地签下了自己的大名。任何人都没想到的是，我既没有选择省会城市——南京，也没有选择相对富庶的苏锡常，而是径直又回到了自己的家乡——当时的南通县。大学毕业，到大城市去干一番作为，在当时是很多学生的不二选择。而我的举动让老师和同学们非常费解：即使不留在省城，至少应回到南通市。因为当时的国家正百废待兴，急需人才。而同学中重新回到小县城里的几乎没有。

如今回想起来，促使我做出这样决定的，说得好听一点是"家乡情结"，真实的原因是因为家里穷，怕分到大城市里分不到房子，对象都找不到。说巧也巧，我的一个系主任正好是南通老乡，帮我留了一个南通县的名额，于是我成了南通第一个分到县区的。其实我的选择是对的，小地方也能有大作为，是金子在哪都会发光。

问：家、企业、国这三者之间您认为是怎样的一个关系？

答：家、企业和国家之间的关系，我认为从大道理上讲是家国情怀，从小道理上讲是一脉相承的。以前我们叫："一屋不扫，何以扫天下？"儒家经典《大学》又有"八条目"之说："古之欲明明德于天下者，先治其国；欲治其国者，先齐其家；欲齐其家者，先修其身；欲修其身者，先正其心；欲正其心者，先诚其意；欲诚其意者，先致其知；致知在格物。物格而后知至，知至而后意诚，意诚而后心正，心正而后身修，身修而后家齐，家齐而后国治，国治而后天下平。"意思是说：古代那些要使美德彰明于天下的人，要先治理好他的国家；要治理好国家的人，要先整顿好自己的家；要整顿好家的人，要先修养自己的品性；要进行自我品性的修养就要先端正他的思想……思想端正了，然后自我修养完善；自我修养完善了，然后家庭整顿有序；家庭整顿好了，然后国家安定繁荣；国家安定繁荣了，然后天下平定。

其中"格物、致知、诚意、正心、修身"属于内修；其目的是在于"齐家、治国、平天下"，其间有着严密的逻辑关系和展开次序。后来流行于世的所谓"修身齐家治国平天下"的排列顺序也就由此确定。这是一个连环扣式的中国古代儒家修身养性齐家治国平天下的思想。每一个环节都不可或缺。我们普通老百姓能做好"修身""齐家"这两点也就很不错了。要是还有余力再去搞个企业，为社会和国家做点贡献，那就更不错了。这其中"修身"就是修自己，看似简单，实则很难。自己都修不好的话，怎么去经营好自己的小家呢？别的也就更别提了。所以道理是通的，其实人的生活是从家庭开始的。

问：人的生活从家庭开始的。再说说您家的情况好吗？

答：家庭是不好选择的，因为父母你没办法选择，一个家庭有一个好的父母，好的家庭教育，对你的人生是一个良好的起步。这就是为什么古代有很多权臣，很多代都做官，很多大知识分子家庭，多少代都是专家，这和他的家庭的教养，和他从小接受家庭的文化传承，是密切相关的，这就是所谓"含着宝玉出生的人"。我的家庭就是一个普通的农村家庭，但与大多数农村家庭比较，还是比较幸运的，因为我的父亲是个知识分子，他写的字，画的画，做的东西比一般农村识几个字和不识字的人强。当时那个年代，他其实是不适应时代的，我们为什么老是总结这个东西，因为我的个性和我父亲的经历是有关系的。父亲读书读得多，很傲气。他出生在动乱的时代，那时在生活上能够求得安宁，对生命有保障，就不错了。我们南通是老解放区，有五县联防队、乡联防队，都是革命群众的基层组织，他跟着新四军干革命。与地主阶级还乡团做斗争，那一段时候他做得很好。到了 1947 年，新四军大量北撤。部队北撤的时候，父亲刚刚结婚不久，也可能因为是临时收编的地方武装，不是很正规的编制，部队北撤的时候，他就没跟着走。部队一走，他就回来做了一名医生，帮人家种牛痘。那时候老百姓也没什么钱，就用棉花抵，种一个牛痘给两斤棉花，有时也给粮食。凭着这点医术，父亲把小家弄得还算可以，再后来做了私塾老师。

问：父母对您影响最大的是谁？

答： 当然是父亲。父亲因为新中国成立前的一些"说不清"的原因，1962 年就回乡了。那年他 40 岁，前 40 年没有种过地，因为他从读书到后来工作，跟部队后来自己教书做医生，他没在地里做过什么东西。他水平本身比较高，字写得非常好，账算得好，算盘打得噼里啪啦的。

问：谈谈您的母亲吧。

答： 我的母亲是个标准的农村妇女，但是从某种意义上讲，我母亲的性格比父亲要大度。我父亲因为他本身的遭遇而闷闷不乐，心里压抑得不得了，所以我父亲 55 岁就去世了，而我的母亲 90 多岁了还很硬朗。一个人的情绪很能影响寿命。我母亲是一个很能吃苦、很能干的农村妇女，性格开朗，而且到哪儿都是大大方方的，敢说话，不怯场。这一点我倒是受了母亲的影响。在父亲生病不能干活儿了以后，整个家庭的支撑都是靠母亲。我们虽然还小，感到生活还是可以的。我家里最大一个好处是和睦，兄弟姐妹都处得不错。就拿我参加高考来说吧。父亲去世前一直是支持我参加高考的，去世后，我能不能参加高考，就要看我两个兄弟是否支持了。因为他们俩高中都没上，要回家干活儿养家。因为我 1976 年高中毕业，恢复高考是 1977 年下半年，就面临着要不要补习功课参加高考的问题。也许在富裕的人家不成问题，但我家很困难，多张嘴吃饭和多双手干活是完全不同的。二哥说，我们没有机会了，能改变家庭现状唯一的希望就是你。现在给你一次机会，考取了，我们继续支持你上大学，考不取就回家和我们一起挣工分。我复习了三个多月时间，那这三个月的时间就是一点都不干活。

问：那现在您对子女的教育和您对子女的期待是什么样的？

答：其实我们这一代对子女是有点复杂了。儿子读书的时候，我是反对应试教育的，小孩子晚上做作业做到深更半夜，所以我对儿子一直要他自由发挥，童年要有乐趣，童年要生活得快乐。到了现在再想想，这种教育是有问题的，我们没有适应社会发展的需求。后来儿子去英国上了 Staffordshire University，就没有那种很强的读书研究欲望。这是我的遗憾。我当时就是要自由教育。老师那时候找我谈，你儿子是块好玉，你要好好雕琢。我想那么小的小孩子，不要那么辛苦，有天资他本身聪明就能学得好。我们在读书的时候，确实没人管，不也是读得很好吗？那么为什么我的孩子要管呢？其实社会环境发生了变化，我们还是老观念就不行了。我们那时候还没有追求成绩，考试也不怎么考，考的话都是很简单，我们也考得挺好，只要上课听就够了，作业是很少很少的。现在就不一样了，大家都在拼命学习，你这儿还要"自由"教育，过分相信儿子的智商和能力，没有培养出儿子良好的学习习惯，造成他现在的状态不是太理想。他海外学成归来，在一个电梯制造厂当执行董事。但是与我对他的要求还是有点差距的。有一点好，我儿子身上没有那些所谓"富二代"的陋习。他不去跟任何人攀比，穿的衣服用的东西没什么值钱的，不讲究。穿的衣服全是网上买的，一二百块钱，没有一块好手表，没有一件好衣服，也不买一双好鞋子。生活非常随性随意。他不认为那个东西值那么多钱。他跟我们不一样，总是生活在自我当中，认为怎么舒服就怎么来，他穿衣服从来都不穿有领子的，觉得有领子不舒服，就喜欢穿圆领的，休闲得很。除了婚礼的时候，他也从不穿西装。

问：您也不按照自己的世界观来改造他？

答：没有。我从来就是放养，一直是放养的。但是现在想想有时候有点后悔。现在我有两个孙女，大的已经五周岁了，现在是中班，明年上幼儿园大班。我不允许她上所谓的贵族学校，这一点给他们有明确规定，上学只能上公立学校。我认为从小让他们上贵族学校，比财富比吃比穿，那样不行。这些所谓的贵族学校，在我看来是有问题的。你条件好，动辄几十万读一个学校，这样的学校里有些孩子就不是去学习，而是去攀比。这对孩子教育是有百害而无一利的。

　　第二个，我们刚才也在讨论，孙子辈孙女辈跟爷爷什么关系？我开玩笑说，现在喜欢他们，就是肉包子跟狗的关系，有去无回。你喜欢孙子辈是百分之百的，要想他对你回报是不可能的。这个说法说得俗一点，可以这么理解，其实还是你的心态要放好，关心爱护要控制在正常范围以内，不可"泛滥"自己的爱心去搞什么"隔代惯"，那是一种不负责任的惯，既对小孩成长不利，也容易造成父子、婆媳之间的矛盾。现在两个孙女都不在我身边，她们都在上海长期生活，只有放假回来待几天，跟我很亲。

孩子们都在上海生活。孙女的外公外婆都退休了，我这个大孙女出生以后，他们是天天来抱，还没满月，外公外婆就带回家，他们吃了不少苦。我们带得少，但孩子对我们亲得不得了，你到那就"猴"在你身上，不让你离开，很有意思的。要真让我们带的话，我还怕宠坏了小孩子呢，我们不会过多地管教她，不可能让他们能做这个不能做那个。对孙子辈，感情要控制，要淡定，要把自己放在合理、合适的位置上。

第三个，我个人为何喜欢做些艺术收藏，也与教育孙辈有关。我的一些收藏品都是先通过与国家级绘画大师、书法大师、工艺美术大师等结交为朋友后拿到的。一方面保证了艺术品的真实性，另一方面通过交流思想，提升艺术鉴赏水平。最关键的是让我的孙辈们从小就能接触到艺术精品，耳目濡染，营造出一种精品艺术氛围，知道什么是好东西，提高他们的鉴赏能力，为孙辈培养出优秀的品位。

问：谈谈您的夫人吧。一个成功的男人背后总有一个默默支持他的女人。

答： 这就要先谈到我们这代人了。因为我们本身是农村出来的，找对象不容易，考上大学出来分到企业去，一切还算顺当。我1981年毕业，1984年援藏，1985年回来，那时候才二十五岁。按农村风俗也到了谈婚论嫁的时候。我是搞建筑的，天南海北地到处跑，流动性大。要想定定神谈个女朋友还真不容易。但是，我有个得天独厚的条件，因为提拔得很早，二十三岁就提了建工局的技术股副股长。我是县城里最年轻的股长级干部，这是"干部年轻化"改革的一个典型，组织部还专门出了个文件来树我这个典型。然后又到拉萨援藏了一年多。因为在藏工资奖金高，那年从西藏回来我就攒了两三万块钱。八几年的"万元户"已是不得了的富翁了。一个又有社会地位，又有经济条件，身高一米八几的年轻帅小伙儿，那提婚做媒的踏破门槛。一天多的时候有四、五拨人上门提亲。找对象我始终坚持两个基本条件，一个是干部子女我坚决不找。因为我们从小生长在基层社会，对当官儿的以及他们的子女有一种本能的抵触。这种官宦人家的子女有一种骨子里的高傲，他们总是自认为比别人高一等，我们以前叫"自来红"。与这些人相处，他们总归在骨子里是看不起你的，有高高在上的优越感。从这个道理来讲，我找个这样的对象，哪还有好日子过？他们总在各个方面压着你、教训你，像我这样个性强的人三天过不到夜，就要吵，吵到最后还不是散伙儿。除此，我还有一个心理，就是社会上有不少人是靠"裙带关系"上位的，这让人很不齿。到时明明我是靠自己的实力才获得成功的，也百口难辩。所以当时局长家里的千金、副县长家里的小姐，有人上门介绍，我通通不谈。到时候真的做了什么长的女婿，那老丈人、老丈母娘会教育你，小姨子、小舅子等其他的人也要教育你。

再一个是"三班倒"的女工不能找。因为老爸已经去世了，家里就剩老妈一个人，她还有点自留地，肯定不会给我带小孩，没这个精力。如果女方是个"三班倒"，晚上上班去了，小孩怎么弄？我那时候就是这个思想。我就是这两个条件是明确的。

那么找谁呢？那时候考取大学的女生非常少，学建筑的女生就更少。所以同学这一头基本没戏。别人介绍的大都是乡下的，或是女知青1978年以后陆续回城的，在工厂里工作的。有一点家庭背景的干部子女，回城也不在厂里一线干苦力活。

我的爱人当时是纺工局技术财务股长的一个女儿，她老爸还跟我平级，哈哈哈……所以我感觉我可能不会受压抑，能处得来。

记得我俩第一次见面，我就告诉她，我是农村长大的。她说这个不重要，虽说你是农村长大的，但你能考上大学，这就很优秀。我打断她的话说，我的意思是我所有亲戚朋友也都是农村的，你必须接受我的家庭和所有的亲戚朋友，要不然我和你没办法相处。要是来个亲戚，你不脸不嘴的，锅不动瓢不响饭也不招待一顿，这个事情我没办法向我的家族交代。我的爱人是个知青，在农村也吃过几年苦。回城后一直在纺工系统工作，所以对像我这样的农村人是能完全接受的。

后来组建了家庭，我有一个基本的原则，男主外，女主内。我的老丈母娘是个很讲究、也很挑剔的上海人。大家都知道，上海人有上海人的傲气。跟上海人相处要有艺术。上海人只服气比他有本事的人，他才会买你的账。比如说我丈母娘烧个饭做个事，她就跟我讲，让我评价。我就有意挑她的毛病。当然要先说点肯定的话，总体不错，这个做得还可以，但是这里面还有什么什么瑕疵，什么什么再改进一下就更好了。丈母娘听了以后，她嘴里不说，心里已在想，我这个女婿倒是见多识广，眼光蛮厉害的。跟上海人你真的不能嗯嗯啊啊不置可否。那他会认为你乡下人露怯，没见识。

有一天，我对她说，今儿让你们放假休息一天，所有的家务我全包了。于是一早起来，我去菜市场买菜，回来洗菜、烧饭、烧菜，吃完饭，我将餐具、锅盆洗得里外光亮，归置得整整齐齐。其间我还接了公司几个电话，安排了几项工作。当他们剔着牙消化着我做的美食时，我开始给他们"上课"了。一个家庭就跟一个企业一样，也少不了分工合作，各人的分工也是最合适的角色扮演。没有高低贵贱、辛苦享受之分，都是为了这个家。角色错乱了，这个家也就乱了。你说让一个大男人天天在家围着灶台转，这个男人还能有出息吗？这个家还能兴旺吗？岳母听得连连点头。

我是一个很有个性的人，跟母亲有过一段交流。我家里兄弟姐妹多，大哥二哥都跟着我做建筑，做得很好。有时候我要回去看看老妈，我二嫂子看到兄弟回来了马上就弄点稻子碾成米让我带走。三番五次后我老妈就跟我讲了，儿子，你弄清楚啊，老二家也不容易，你不要每次回来都拿她东西，你却空手两拳头什么表示也没有。我后来就跟老妈讲，老妈你知道吗？你儿子家的米真的吃不掉，而且都是上好的米，我拿二嫂的米，是给她一个表达心意的机会，那她都辛辛苦苦磨好了给我，我必须领她这个情。不要让她觉得我这个兄弟做了老板，就看不起农村亲戚的小心意了，所以我才会拿米。从此他们再给我东西我也不拿了，我也跟他们打招呼了。见我不要他们的东西了，老妈又找我说，儿子，你跟我计较吗？我说，妈既然说了，不让我要他们的东西，儿子总得给您面子。像这些看似家庭琐事，但处理不当，就会产生家庭矛盾。

我的夫人是一个贤妻良母。无论丈夫在外做什么工作，有什么成就，她从来不张扬，从来不惹事。有一点她把握得很好，就是永远不会去"关心"公司的事情。这个我原来跟她约法"二"

章过，一是不可以干预公司的事，第二个你也不要问我公司的事。我说如果说你老是进入我的人事圈子、工作圈子，坦率地说，是有百害而无一利。别人就会利用你的特殊地位来向我吹"枕边风"，你说到时我是听你的好还是不听你的好？听吧，会影响我的正常判断和正常工作。不听吧，夫妻间难免会造成不愉快，久而久之就会影响到我们家庭。另一个，如果我把工作上的情绪带到家庭中去，比如说有个人平时跟我配合不好，我回来讲这些事，你肯定也听在心里，一定会影响你的好恶判断。将来你碰到他，就会有芥蒂，你自然就贤不起来了。如果你不知道情况，你与他们的相处就很简单，也会很自然，你贤妻良母的形象也就树立起来了。我这样做也是对你的一种保护。还有，家是放松的地方。一家人安安静静吃顿饭，看看电视，这样家庭就很融洽了。

我夫人至今很低调，不摆架子，与所有人相处都简简单单、和和气气的。

问：您经历了几个单位和岗位，每一个单位，每一个岗位，您都把它当作自己的家来经营的吗？

答：对的。我常跟员工讲，你要把一个单位当成家，你就会认真负责地做好每一件事，你也会得到快乐，工作再苦也不会觉得。单位领导更是这样，如果你用经营家的理念来经营单位，这个单位就有希望，"家和万事兴"。当然，一个连家也经营不好的领导，让他管理好单位也够呛。

问：古语云：寒门出贵子。您认为出身贫寒的学子真的能成为贵子吗？

答：这个并不绝对，但我认为我们这些出生在农家的人，有一个最大的特点，那就是特别愿意学习别人比我好的东西。因为我知道我的工作习惯也好，生活习惯也好，哪怕平时卫生习惯也好，我总感觉我是农民家庭出来的，比不上人家的地方，不如人的地方，就要去长期积累，就能集小善为大善，最终能趋向于"贵"。

问：儒家有个很具规范性的"五常"。首先是由孔子提出了"仁、义、礼"；孟子又将其延伸为"仁、义、礼、智"；后又由董仲舒扩展为"仁、义、礼、智、信"。而这最后一个"信"字已成为当今社会"紧俏"之物。您对诚信是怎么看的呢？

答：关于"诚信"的内涵，历史上许多名人大家都有论断。什么是真正的诚实？有句话叫"至诚如神，可以先知。"诚实不是别人说什么，就相信什么；不是别人让做什么，就做什么。诚是双方的。在社会交往过程中，如果仅仅保持自己诚实，不说谎话，而对对方和环境没有判断，那是没有智慧的诚，是愚诚。真正的"诚"，是双方的"诚"，自己对社会诚实，同时也需要社会或他人对自己诚实。在自己诚实的同时，能判断出对方是否也诚实，这才是至诚。

问： 我还要问一个涉及家庭的问题。有的人在外面待人和蔼，工作作风也不是很霸道，可一旦回家就变了个人。我们应当怎么与家人和谐相处呢？

答： 有些人在外面受了委屈，回家拿老婆孩子出气；有些人在外面指挥惯了别人，回家还继续指挥家人；在外面是老板，回家了还感觉是老板；在外面讲官话，回家跟老婆孩子也讲官话；有的人跟家人斤斤计较，总要辩个对错，这是不对的，家不是讲理的地方，要讲亲情。我认为无论取得多大的成功，对家庭要有担当。生活中的小事就可以看出一个人的道德修养和人格。一个人如果能对家人做出无情的事，那对待其他人也绝对可以。家庭是个港湾，是身心休息的地方，也是我们必须付出真情和爱的地方。一个家庭如果只谈金钱，没有亲情，那就不能称之为家。

还有更重要的一点，作为父母，在一个家庭里，你既是精神和经济上的顶梁柱，也是小孩言行的表率。你的一言一行不仅影响着孩子的当下，还能影响到孩子的将来。老辈不是常说嘛，要留点路让子孙后代走走。也就是说你做父母的名声、品行直接会影响到你儿孙今后的发展。你口碑很好，人家会说，这人不错，他儿子肯定也不错，要好好照顾照顾他；倘若你名声很臭，人家会说，这小孩的老子奸刁油滑险，他儿子咱们也要提防点。你说这一正一反，子孙的前程岂不是有了天壤之别？

从生存到生活

本节金句

人的第一需求是生存，没有物质就无法生存，所以追求财富无可厚非。财富要取之有道，这个"道"就是要走正道，还有"规律""方法""诀窍"的意思。

工作的最初境界是生存，如果把它当成事业了，工作就成了生活的一部分。生活就是要讲究品质、讲究精致，也要讲究统筹。

建筑人就工作本身而言，是苦累乏味的，但如果能将苦累乏味的工作干出乐趣，就是一种很高的境界。尤其是在竞争激烈、就业岗位难寻的当今社会，能拥有一个稳定的工作和一份稳定的收入，在社会中找到自己的位置，体现自己的价值，这本身就是一种安稳的快乐、成功的快乐。

品位是在你的一举手一投足当中不经意流露出来的。有的人就是把很多奢侈品挂满全身，人们还一看就知道这人没品位。有的人他就是拿很一般的东西，搭配得非常合理、协调，让人感到舒服，那就是品位。只有理解到什么是真正的品位，你才能品味得出别人的品位。

生存是维持生命的存在，生活是让我们的生命变得更有意义。一个为了生存而奔波的人是不会产生什么思想的。在生存得到基本保障的情况下，才可能有多姿多彩的生活。他摆脱了物欲的羁绊，进入对精神层面的追求。我说叫快乐工作，健康生活，这是生活的核心，是以生理健康和心理健康为目标的。

"随遇而安"是中国人的老祖宗总结出来的生活艺术和生活智慧。在工地上和员工一起吃饭，我可以坐到地上，吃得很快乐。那个环境里大家都是这么做的，如果硬要摆个谱，你就完蛋了。上五星级饭店接待贵宾，我也可以西装革履，吃得温文尔雅，要是放屁打嗝剔牙齿，那你也完蛋了。生活当中适应是最重要的法则。老百姓有话叫"到什么山，砍什么柴。"

问：追求财富是人的天性。"发财梦"人人想做。对此您有什么看法？

答：人的第一需求是生存，没有物质就无法生存，所以追求财富无可厚非。

财富梦有大有小。公司的一线工人一年只有几万、十几万元收入，他们的财富梦也许就是一套房子，或是供子女读一所好大学。而中高层管理人员，他们的财富梦可能是拥有一个非常优越的生活环境，争取成为千万富翁。

我们要正确认识财富梦。财富梦是正常的，但需要制定符合实际的梦想目标和实现财富梦的计划。每个人的起点都是生存梦，是基本生活的梦，然后是财富梦，这个梦想是我们每个人在企业里最希望实现的。每个人要比其他人做得更好些，这样收入才能更高，这也是每个人都希望的，这个希望要靠我们的劳动来实现。

财富要取之有道。这个"道"即走正道，还有"规律""方法""诀窍"的意思。要知道该做什么，不该做什么，但是有很多人确实不知道。他们在追求财富梦的时候，只做领导安排的工作，或者师傅教他怎么做就怎么做。这样做，财富梦将永远是个梦。如果要成为时代精英，必须要有自己的想法，摆正位置，找准目标，在原来的基础上加快提高，绝不能墨守成规。

刚才说到取财有"规律""诀窍"，但这些东西不是天上掉下来的，必须靠后天的不断学习。只有在学习中不断提高自己认识社会、改造社会的智慧和能力，提高自身道德修养，脱离低级趣味，才能尽早实现自己的财富梦。

问： 从与您的交谈中我们感觉到，您把做工程当作精致的生活，有很
多门道。做一个合格的建筑工程师，有哪些方面的门道儿呢？

答： 工作的最初境界是生存，如果把它当成事业了，工作就成了生活
的一部分。生活就是要讲究品质、讲究精致，也要讲究统筹，这
里面涉及很多方面的学问。我们做工程师，其实有很多的学问，
不是说盖房子先挖基础后打墙桩、上屋架再上屋面就行了。这个
套路没有什么技术含量，普通老百姓也会。真正砌房子要充分利
用自然环境。比如雨季不能做基础，挖得多倒得快，还不如等一
下再挖，这是一个道理。第二个，冬天应该做什么？不能做粉
刷。夏天不能做什么？不能做主体。你要规避不宜施工的自然环
境。然后，你还要考虑工程均衡施工，什么地方先做，什么地方
后做。整个工程是一个很高的管理艺术。盖房子盖得好和盖得不
好，能差很多倍数的功效。所有的工程一次成型，那才是工程师
的境界。

有些人不会做项目经理，只知道拿图纸开工，开基础，做地
下室……其实不是，要看什么时候开工最合适，要整体匹配，所
有的工程在最佳的情况下完成。然后把人员组织好，什么时候人
多，什么时候人少，都是一个技术，要心中有数。组织工程是一
个综合考虑的系统工程。懂得这些才算是真正的工程师。

对此，我有非常深刻的体会，很多东西要因地因时。那次援
藏中，就有很多东西都是我们自己摸索出来的。比如粉刷，西藏
昼夜温差特别大，上午刷的，晚上就干。第二个是昼夜温差大，
正常粉刷的水泥半天之后就裂掉了，蒸发量太大。它的自然干
燥含水率达到 6% 到 8%，木材家具里面正常的含水率达 12% 到
15%，成品的东西应该在 12% 到 15%。对我们来说，12% 以下就

是烘干，但是拉萨的自然含水率只有 8%，东西拿过去三天就翘掉了，所以做工程要将它本身自然的环境弄清楚。

问：常在工地看到这样的宣传标语"高高兴兴来上班，平平安安回家去"，人会快快乐乐地工作吗？

答：就工作本身而言，是苦累乏味的，但如果能将苦累乏味的工作干出乐趣，就是一种很高的境界。尤其是在竞争激烈、就业岗位难寻的当今社会，能拥有一个稳定的工作和一份稳定的收入，在社会中找到自己的位置，体现自己的价值，这本身就是一种安稳的快乐、成功的快乐。

当然，真正做到以工作为快乐，也是一件很不容易的事情。孔子认为："知之者不如好知者，好知者不如乐知者。"意思是说，有知识的人不如想学习的人，而想学习的人不如学习兴趣高的人，这句话是很有哲理的。工作也像学习一样，有工作的人不如愿意工作的人，愿意工作的人不如乐意工作的人。而快乐工作首先要有快乐的心态。工作中是会遇到一些困难，但不要把困难无限放大，不要让一点困难就影响自己的心情和整个生活，要善于调节自己的心态，真正从工作中体会快乐。在对人生和工作环境认识的基础上，我认为没有工作才会无限痛苦，工作中的痛苦都是暂时的，有限的。

问： 在生存与生活的话题上，您已经说过不少个人观点。按我的理解，您主要是说生存是维持生命的存在，生活是让我们的生命变得有意义，是这个意思吗？

答： 对的，就是这个意思。生存是维持生命的存在，生活让我们的生命变得更有意义。其实我们这代人就是非常典型的"从生存到生活"的一代人。因为我们首先要维持生存，小时候就是吃不饱。放学以后，能在家中橱里锅里找到点东西吃吃，那是很幸福的一件事。那是能生存的幸福，是最基本的追求。我们小时候就是这样子，大人能给一点吃的就是最大的爱护、呵护。一个为了生存而奔波的人，连基本生理需求都不能保障，怎么可能去考虑生命以外及以后的事情呢？

生存的问题，中国人现在基本上都解决了。我们现在讲的所谓贫困地区、贫困人员，吃饭应不成问题，就是生存的空间和生存的环境不尽如人意。这是我要讲的另外一个层次——生活。

在生命得到基本保障的情况下，怎么去生活？这个生活也不是说你有多少钱，一定住什么高楼大厦，住什么别墅就是生活。生活是多姿多彩的，每个人有每个人的生活方式。有的人活得很开心，为什么？他已挣脱了物欲的羁绊，进入了对精神层面的追求。

我的观念是生活首先要健康。有了健康的体魄，你才能享受快乐的生活。你把它倒过来玩，以牺牲健康为代价的话，那很快就玩完了。那种快乐是短暂的，也是短视的。

有人问我，耿总，饮食上你有没有什么偏好？我说我既没有什么偏好，又有很多偏好。为什么这么讲？因为我的"偏好"是根据实际情况的变化而变化。我很简单，眼看得到的，手拿得到的，就是我喜欢的。

其实追求生活的快乐，是跟环境，跟条件，跟你的目标密切相关的。"随遇而安"是中国人的老祖宗总结出来的生活艺术和生活智慧。在工地上和员工一起吃饭，我可以坐到地上，吃得很快乐。那个环境里大家都是这么做的，如果你硬要摆个谱儿，你就完蛋了。上五星级饭店接待贵宾，我也可以西装革履，吃得温文尔雅，你要是放屁打嗝剔牙齿，那也完蛋了。生活当中，适应是最重要的法则。老百姓有话叫"到什么山，砍什么柴"。

生活的品位提升也是多姿多彩的，怎么去模仿？怎么去学习？这是我们现在一直在思考的问题。比如说我们现在房子里面恒温恒湿，四季如春，家里都是红木家具，这样的生活品位就很高啊？真的不一定。

夏天很热，出点汗，人很舒服；冬天冷了以后，多穿点衣服，人很暖和；春天到户外呼吸新鲜空气，通体舒畅。对比那个待在密不通风的恒温室里，你认为到底哪一个才是生活水平高？我们小时候能穿上一双皮鞋，很拽。这个皮鞋前面有铁板的，一脚能把墙上踹一个洞。虽然那个鞋子硬邦邦的，脚被挤得一塌糊涂，可仍然天天要穿，爱不释脚。因为穿上它很拽。现在穿什么呢？布鞋。越舒服越好，鞋子越软和越好，到底谁是真正的生活品位高了？

再说小时候吃的山芋、萝卜、玉米、高粱等杂粮，吃得浑身不自在，穷啊！可那时虽然吃得简单，但是没吃出各种病啊，血糖不高，血脂不高，血压不高，农民没什么毛病。现在你看，有的人天天大鱼大肉，经常吃海参鲍鱼，生活条件高得不得了。吃的是好了，可浑身的病，全是吃出来的。你说是谁的生活水平高了呀？

我们到了这个年龄，回过头来看看，最好的生活是健康的，对身体有好处的。这种生活才是最高的境界，是最好的生活。

我们原来有一个老市长，当兵出生，他有不少习惯。我就开他的玩笑说，像你这样的军人，打仗百分之百输。因为你换了个新地方睡不着觉，早餐呢，这个不能吃，那个不能吃。到了战争年代，人的生存是第一位的，抓到老鼠也吃，抓条蛇也吃，你这样打仗能打得赢吗？

适者生存，这是自然法则，我非常赞同。你可以无限地讲究，住五星级宾馆、七星级宾馆，住得也挺好；也可以不讲究，挖萝卜擦擦泥吃下去，为什么不可以？还是适者生存，跟环境走。家里人说我是最好伺候的。但有时候我也是最讲究的，烧萝卜要把萝卜烧好，吃山芋要把山芋蒸透，小米粥要煮烂，这些本身就有一定要求的。

当然，生活不仅仅是吃好穿好就舒服了，还要学会与人相处。这是很重要的快乐源泉。与人相处融洽了，你会身心愉快。整天与人吵架生气，那你一定活得很郁闷。我与我的工人相处都非常愉快，所有的工人对我很尊重。而我确实发自内心地关心他们。在企业里，从来没有一个员工跟我吵过架。我在农村老家有很多邻居，现在也相处得不错。有时，我老妈还翻旧账，说某某小时候怎么欺负你，怎么整你。我说，那都是过去的事情，现在还记这个仇，有什么必要？找我帮忙的，我有能力都尽力帮。事情无论成与不成，心里都会很舒坦。这就是我对人生的态度。

问： 做事先做人，这是您经常提到的理念。能就个人品位的问题再聊
两句吗？

答： "品位"一词本身就是个中性词。一个人的出生是不可以选择
的，但品位是可以追求，也是应该追求的。我出生在社会基层，
家庭没有给我带来"贵族"的基因，却给我带来了急切改变一切
的动力。这种与生俱来的动因，让我很愿意改变自己，改掉农
民的陋习，学习别人长处，像大海一样，虽处低处，但能容纳别
人，净化自己，最后蒸腾的是纯净的雨水。

那些浅表的如穿戴、日用品等很容易得到提升。至于骨子里
的品位要提升就必须下一番功夫，必须不断地提高自身修炼。我
现在做一些艺术收藏。收藏的水很深，你必须要懂！要懂就要学
习、观察、接触。我发现搞红木都喜欢跑到越南，以及我国的海
南、广西、厦门等地区。跟着一个很有名的搞红木的人跑了几趟
以后，我就开始总结。什么是贵重的红木？它好在什么地方？我
国本来木材是北方多啊！东北的林子有很多很多，为什么我们买
木材总是往南方跑呢？

后来，我渐渐弄清了。所谓名木，有四大基本特征。第一，
密度非常高，一定沉于水，无论是小叶紫檀、血檀，还是黄花
梨，一般都沉于水。因为密度高，做出来用手一抹，很光滑。小
叶檀往地上一扔，金属一样的声音。第二，有非常稳得住的颜
色，很沉稳的颜色，不飘，所有紫檀的颜色是深红色的，小叶檀
是深黄色的，放久一些就成咖啡色。第三，纹路非常漂亮，小叶
檀牛毛纹，黄花梨山水纹，金丝楠木立体纹，每一个纹路是不一
样的。最后一个特点，有很好闻的气味，檀香非常好闻，小叶
檀、大叶檀香味很雅气，黄花梨不光香，还能入药。

那么，名木为什么大多出自南方呢？原来，树木有三大喜好：阳光、雨量、温差。那些靠赤道边上的低纬度、高海拔的高山地区，如越南、缅甸、我国云南，都具备这三大条件。这种地方生长的东西绝对是好东西，水果都比其他地方好吃。通过学习，我在看问题和分析问题上长进不少，这就很容易让自己欣赏艺术品的品位很快得到提升。

南通做高档红木家具的顾永琦很有名气。到他的展览室一看，真的很牛，东西确实做得不错，非常漂亮，将家具做成了艺术品。再一看标价，全是天价。当时，我也没吭声儿，看了一圈儿后虽然心里很满意，很佩服，但脸上也没表露，注意力仍在他的东西上。那桌面平整光亮得像镜面一样，包括反面，没有一个地方有一点点瑕疵。桌面放上一只平底的茶杯，别想把它垂直提起来，里面成了真空了。看完以后，我说："顾老师，今天我没时间。不久的将来，我肯定会来的，可能会买你一两样东西。"

后来，我走了，带我去的老兄打电话来说，"耿总，顾老师说你这个人还比较稳得住，只是一个个认真地看。他说，你这个人可交。"第二次，我又去了，跟他聊，我问："你这个家具是用什么理念做出来的？为什么会做得这么完美？"他就跟我说了很多。其实，他是半路出家，50岁退休以后才开始做家具。他生活非常曲折，原来是城市户口，"文化大革命"时期"老三届"的初中毕业生。他不肯下乡，此后就没有户口，城里不供粮，农村没有口粮，只能到处打零工。后来，他学了个做模具的手艺，一直干到50岁退休，也没有工龄，退休工资也不高。他老爸是老红木工人，叫他跟在后面做红木家具，他不干。后来，他就买了很多古今中外有关家具的书，看着看着竟看出些名堂来了。他认为做家具，要么不做，要做就做顶级的高档家具。他是做模具的，有一定的结构基础，拼接、结构设计等这些没问题，没多久还真搞出些精品家具来，渐渐有了点名声。他跟我说，"我的一张床为什么几百万？我告诉你，每个木材密度、花纹、颜色是不一样的。我做一张床，要从 20 吨的大叶紫檀里面挑出密度、花纹、颜色都差不多的原料，才动手。你说我这个床值多少钱？另外，我的全套设计都是独家的，绝对不会松动，因为我从结构上来解决问题。第三个最关键的是什么？我在木工博物院看到一个东西，说清代好的木工在家具做完以后，会用高温蜡进行蜡封，把木材表面的气孔都封掉，跟空气隔绝了。回来后，我就开始研究这个问题，花了很多工夫很多钱，终于搞成了。木材经过这么一处理，基本上就不会受到潮湿变化的影响，不会发生变形。"他还讲到人体工程学的技术。说有的椅子坐上去会很不舒服，什么道理？是它做的时候不符合人体工程学。他做的摇椅，重心能准到空椅你摇动一下后，可以自动摇个二三十分钟都不会停下来。后来，我买了他一张办公桌。他是用白纱布将办公桌包得像个重伤员似的亲自送上门。打开后，桌子光亮可鉴，有人想上前摸摸，他立即制止："你们不要摸！你们手上有戴戒指的，一摸就是一条划痕。"说着拿出个放大镜，"耿总，你现在可以用放大镜看，如果找到一点瑕疵，桌子留下，我一分钱都不拿走。"后来，我试着关桌门，可是一推就弹回来，一推就弹回来，只能慢慢往里推，让气出来，否则关不上。气密性好到如此程度，这就是他的高品位家具。后来，全世界顶级的奢侈品牌爱马仕向他抛来橄榄枝，要与他合作。他说，我可以挂你的爱马仕品牌，但也必须保留我的品牌，还叫"永琦"，那我的家具必须叫"爱马仕·永琦"。

老顾为什么敢跟世界顶级奢侈品牌叫板？那是因为他有敢于

叫板的底气——能将一件家具做到极致。

现在老顾跟我是要好的朋友，我也请他来讲课。那个办公桌多年来一直作为一个"品位"的教育样本。下面的人找我，我都对他们说，你看看这东西怎么样？他们说，很好！多少钱啊？我说，问多少钱，说明你没品位。我给1000万，你花一年时间帮我做出来，你有那个能耐吗？这是钱的问题吗？这是一种精神。一个追求完美的人，才能做出完美的作品。我们成千上万的建筑工人，有那么多的木工瓦工，大家如果都有顾永琦的这种"品位"，那就不得了啦！不要说全部，哪怕就出十个八个像顾永琦这样的牛人，我们也不得了了。其实，我们中国从古到今都不缺少牛人。我们中国人几千年玩的东西，外国人都没有的。爱马仕好，可才多少年？我们的陶瓷艺术、唐三彩、琉璃制品、丝绸制品，太多太多的东西都是世界上最好的东西。只是近年来，高品位的工匠精神式微了。

所以，大到事业，小到你穿衣服打一个领带、戴一个小配饰、颜色怎么配、大小怎么配……有一个合适的比例在脑中，那就是品位。很多品位是在你举手投足间不经意流露出来的。有的人就是把奢侈品挂满全身，一看还是没品位；有的人就算拿很一般的东西，搭配得非常合理、协调，让人感到舒服，那就是品位。只有理解什么是真正的品位，你才能品味得出别人的品位。我们必须不断地在细节里完善自己，不断地在某一个细小的地方比别人做得更好，才能成为很有品位的人。

从舍得到给予

本节金句

　　人的欲望是无止境的。其实，欲望本身并非坏事，它是一种人性中的原动力。你把握好了，它会将你送到成功的彼岸；把握不好，会将你打入罪恶的深渊。

　　企业与员工是一个利益共同体。企业要靠员工支撑，员工要靠企业生存，但不能因为是共同体而模糊了合理的取舍关系。在企业里，我主张企业先给予，后索取。员工到企业来不是为你做贡献的，因为企业不是他的，他到你这儿来，是来谋生存的，所以你要先给予。然后，我才说，给了你这么多，你必须帮我把事情做好，这就是我向员工的索取。索取在后。

　　遇到困难，我都不会让职工为我扛。我愿意只与员工共享成果。工程做好了，你拿不到钱，到我家里吃饭去，我保证养你。有些企业工程不顺利，首先想到的是拖欠员工工资，用种种借口不发生活费，把企业搞得怨声载道，把人心搞得全散了。这不是一个发不发工资的问题，这是自己的职责分不分得清的问题。企业做得好或不好，这是老板应当承担的事，责任该担当就担当，这就是所谓的给予和索取的问题。

问："知足与知不足"可以说是人生时时面对又很难面对的问题。许多人被"欲望"牵着走，转着转着就懵圈儿了。对此，您有何看法呢？

答：人的欲望是无止境的。欲望就其本身而言，并非坏事，它是一种人性中的原动力。把握好了，它会将你送到成功的彼岸；把握不好，它会将你打入罪恶的深渊。

我们当中有不少人是在艰苦的环境中成长起来的。现在，我们拥有的物质财富已经很多了，是父辈们不敢想象和无法比拟的。一个人想得到所有的东西是不可能的。所以，我们应该对现实满足，对生活知足，并且要感谢社会，感谢企业，感谢时代。

那么，我们要对什么知不足呢？要对我们的工作能力知不足，要对工作中不到位的地方知不足。坦率地讲，我们的项目经理、工程处主任或会计做得好的还真不多。当然，现在是一个知识爆炸的年代，新的东西在不断地出现，要全部掌握是不可能的。我们有些同志懂业务，但不懂管理；懂管理，但心态不好；心态好的又不善于沟通交流，全才真是太少了。所以，要知不足的东西太多了，我自己也会遇到很难处理的问题，感到很棘手，也感到知识面狭窄。

问：说到舍得观，我们不禁想起一名俗语："我为人人，人人为我。"您是这么理解"人"和"我"，也就是"利他和利己"的？

答：这又是一个哲学命题。"人人"和"我"、"利他"和"利己"，是双向互动的，在"我"的角度是利"他"，在"他"的角度可以是利"我"。股东将资源交给企业管理，是利他的；企业让钱生了钱，对股东来讲又是利己的；而企业家得到可支配的资源，这也可理解为是互为利他。作为一个企业要承担社会责

任，首先要把信托权力用好，就是把企业本身的事情做好。企业
是社会的组成部分，也是市场的组成部分；把企业的事做好，就
是对社会的贡献。企业的稳定是社会稳定的基石。

　　回馈社会是企业另一项"利他"的社会责任。做慈善事业，
改善环境，说到底是在追求大环境的和谐。现代企业绝不仅仅
是资本与智慧的简单合作，更是道德、良知与人性的完美凝聚。
企业财富具有社会属性，它来自社会，更应回归社会。正如亚
当·斯密所说："如果一个社会经济发展成果不能真正分流到
大众手里，那么，它在道义上是不得人心的，而且是有风险的，
因为它注定要威胁社会稳定。"成功的企业家必将成为慈善家，
这是社会人文发展的必然。"达则兼济天下。"一个成熟和理
性的企业家应当将参与社会公益事业与追求合理利润都置于重
要位置。

　　那么，企业是不是赚了钱以后才能"利他"？不一定。这是
目标的问题。企业家首先是社会人，在国家遇到困难的时候，或
者天灾人祸的时候，就应该有赴汤蹈火的精神。天下兴亡，企业
有责，这既是利己的，也是利他的。所有的利己和利他，在政治
和军事领域以外，始终是一对联合体，只有利他才能利己。

问： **您是如何理解企业和员工之间"取"和"舍"的关系呢？**

答： 企业与员工是一个利益共同体。企业要靠员工支撑，员工要靠
　　企业生存，但又不能因为是共同体而模糊了合理取舍的关系。在
　　企业里，我主张企业先给予，后索取。员工在企业里做事情，一

定会得到合理的报酬，哪怕企业经营亏损，借钱也要先把工资发掉，贷款也要把员工的待遇保证了。员工们都有家庭，一家人都指望着他拿了工钱养活。他到企业来不是为你做贡献的，因为企业不是他的，他到你这儿来，是来谋生存的，所以必须先保证员工的基本正常收入，也就要先给予。然后，我才说，给了你这么多，你必须帮我把事情做好，这就是我向员工的索取。这是索取在后。

有很多的项目经理、公司经理喜欢向员工诉苦，公司经营很困难，现在市场竞争非常激烈，到企业来要做好艰苦奋斗的准备，要努力拼搏……其实，这种动员是很苍白无力的。

我讲话都是很正面的。我一直说，到我这个企业来，是非常明智非常好的选择。像我们这样的企业在目前这个社会环境，赶上了千载难逢的机遇。你看建筑行业好像很苦很累，我告诉你，建筑行业是在目前所有经济体里最好的企业类型，最好的一个行业。为什么这么讲？你要想赚钱，就必须投资。比方说投资搞工厂，要买地，要盖厂房，要买设备，要买原材料，要培训工人。推销产品也得投资，你说你要经过六七个环节，你的投入才能得到回报。建筑呢？就简单多了。只要先成立一个公司，再招 200个人，拿到一个业务。你给我钱，我给你干活。哪怕是个一无所有的人，也能够变成创造亿万财富的人。所以，这个行业是最好的行业。世上还有哪一个行业能从零开始，转眼间就滚雪球似的滚成一个像模像样的大企业？能快速地将一个基层的劳动者培养成亿万富翁？你看我们周围，很多亿万富翁原来都只是个建筑工人！你还认为建筑这个行业不好吗？我告诉你，选择这个行业是最好的。这是其一。

其二，大家说建筑公司不好做，利润很低。你错了，不是这么算账的。南通四建原来做的是四五个亿，现在做到五百个亿，十个亿的注册资本，做五百个亿，它的利润有多大呀？公司做工程的投入是很少的，可以做成千上亿的工程，还有什么行业可以这么做呀？

其三，还有哪些行业像从事建筑行业的工人这么幸福的？你们不要搞错了，我今天到上海打工，明天到南京打工，后天到深圳打工。你去打工只是挣了钱？你还免费旅游了许多大都市，见识到了很多地方的风土人情，还学了很多的知识，还有比这个更合算的？假如做纺织工人，你在车间，天天看那个东西，你不累吗？不烦吗？

我就有这个本事，能把听讲的工人说得热血沸腾，让他相信自己进入的建筑行业是最好的行业。最容易发财、最容易挣钱、最容易学到新东西，行万里路，还有人给你买单，谁还不铁了心跟你干呢？员工得到了信心和自豪，我也不过就"舍"出了自己的思想。

当然，你必须有实实在在的好处给予工人，光靠忽悠是走不远的。当遇到困难，我都不会让职工为我扛。我愿意只与员工共享成果。我告诉所有的人，你们跟我走肯定不会有问题。这个工程能不能做，会不会亏钱，这些都无须你担心，只要做好你的事情。工程做好了拿不到钱，到我家里吃饭去，我保证养你。因为我当项目经理，赚不到钱，这是我的责任，跟你们没有关系。赔钱是我的事，破财是我的事，跟你没有关系。我绝不会要求你们勒紧裤带与我共渡难关。有些企业工程不顺利，首先想到的是拖欠员工工资，用种种借口不发生活费，把企业搞得怨声载道，把人心搞得全散了。这不是一个发不发工资的问题，这是对自己的职责分不分得清的问题。你作为企业领导负什么责任？这个企业做得好或不好，遇到大风大浪，这是你老板应当承担的事，责任该担当就担当，就是所谓的给予和索取的问题。

第四部分　悟通篇

从悟通到通悟

从管理到塑魂

从时间到空间

从心态到形态

从悟通到通悟

本节金句

　　人性最基本的一面是渴望获得尊重。激发员工积极性的最好办法就是尊重员工。做和善、温暖、体贴的老板，让每个人在企业的舞台上如沐春风地找到自己合适的人生定位，体现人生的价值，他们就能精力充沛，士气高昂，将潜能发挥到极致。

　　企业文化是企业发展的根本动力，是打造百年老店的坚强保证。企业文化应该是多元的，是不同文化的交融、互补，最终同化成一种被大家共同认知的核心文化。

问： 您最后选定将"博观"作为本书的书名，很大气，也很内俭。请说说您关于书名的思考？

答： 在准备出这本书的过程中，想到好几个书名，如《悟道》《悟通》，也有学者建议用《耿言》，我都不满意。后来，我想到好几年前，我请著名女书法家周慧珺题写过一条苏东坡的名句："博观而约取，厚积而薄发。"顿时，"博观"二字如闪电一样跃入我的脑际，我心中一亮，何不用这两个字作为书名？我征求了不少有识之士的看法，大家都说好，于是，《博观》就成了本书的书名。

　　其实，东坡先生所谓的"博观而约取，厚积而薄发"，主要说的是读书的方法。读书固然要"博观"，但更要"约取"，才能"厚积而薄发"。不博观无以为厚积，不约取无以为薄发。

综观古今读书之经验，如果说博览群书很重要，那么慎取、精取就更重要了。有些书，即使是佳作，也并非字字珠玑，句句真理，而是玉瑕共存，精粗混杂。因此，不能对其不加分析地照书全收，否则，就变成了"尽信书，不如无书"了。真正有学识者、大学问家，是积累了知识精粹的人。古今中外的饱学之士、贤达之人，治学都很注重"博观而约取"，即观而有选，取而有择，唯真是取。

唐代韩愈在《原道》中批评有些人读书作文，"择焉而不精，语焉而不详"，误己误人；宋代王安石提倡读书要"深思而慎取"；清代精于读书之道的袁枚，在《随园诗话》中解释杜甫诗句"读书破万卷，下笔如有神"时说："盖破其卷，取其神，非囫囵用其糟粕也，读书如吃饭，善吃者长精神，不善吃者生毛病。"

要做到博观精取，首先要能"识精"。对所观之书要熟读精思，反复玩味，慧眼识珠，知其精义。有的人读书不懂"约取"之道，或如"布袋"，什么都装进去；或如"沙漏"，只有过程，没有痕迹；或如"海绵"，不加分析地一概吸收。如此阅读，效果可想而知。

老子曰："常有欲以观窍，常无欲以观其妙。"这句话的意思就是说，人们博观时是有欲望的，既然有欲望，就是按照自己的认识、知见去博观，但由于人认识世界、认识事物的能力是有限的，所以观见的也只能是自己知识见解范围的"博"，任何人都无法穷尽大千世界的种种迹象，但一个人，如果不带着强烈的求知欲望去博观，即多看多思多想，那他就一定不能"欲穷千里目，更上一层楼"。

"博观而约取，厚积而薄发"，整体上体现的是一种谦虚、博学、慎取的思想和态度，引导人们博览好学，并在此基础上，去其糟粕，约取精华，以此来扩充自己的知识储备和技能水平，再以此为基础，成就自己，成就他人。

问： 几年前，您曾写过一篇关于剖析"民企病"的文章，主要有哪些内容呢？

答： 我在民企尤其是在由国有企业改制过来的民营企业中打拼多年，有创业的艰难，有成功的喜悦，当然，对民企的种种短板，也就是常说的"民企病"有着深切的了解，并对此做了一些思考。

那篇文章就是从"民企病"与"国企病"之比较、"民企病"成因、解决"民企病"的探索和药方四个方面对"民企病"进行全面剖析。

企业如人，在成长和发展过程中难免会受来自企业内部或外部的病毒、细菌的入侵，一旦超出了企业免疫系统的对抗能力，就会生或大或小的"病"，我们称之为"企业病"。"企业病"具体会反映在企业的各个部门或组织机构、各个员工、产品质量、技术、资金流转、信息流转、服务、采购等各个环节。而具体到国企和民企，"企业病"又表现出了不同的症状。

我重点说的是民企的种种"病症"。

"民企病"主要体现在企业中下层员工对企业没有归属感和自豪感，对企业忠诚度缺失，追求眼前甚至不正当的利益，往往对企业造成重大损失，极大地影响了企业发展。具体有这样几种表现。

一是心中无企，患上"近视病"。民企员工特别是基层员工对企业的归属感和自豪感远远低于国企，认为自己只是为企业老板或者少数大股东打工，干不好随时可跳槽。这种"打工者"的心态，注定使他们漠视公司长远规划，不关注企业发展的长远利益，只是关注自身利益及眼前利益，很难与企业同心同德，所以只能同甘而不能共苦。

二是心态失衡，患上"牢骚病"。民企员工面对企业老总或少数股东的高收益，心中失衡而满腹怨言。表现在工作中对产品质量只求蒙混过关，不求精益求精，品牌形象渐渐受损，企业难以健康持续发展，对企业产生负面影响。

三是为己牟利，患上"群蛀病"。有些民企职工认为自己的收入与企业大股东们的收入相差太大，为了"弥补"差距，利用职务之便谋取自己的利益，将公司利益搁置一边，有时甚至用公司利益换取个人利益，成为民营企业的"蛀虫"。

除了这些，"民企病"还有其他一些症状：能人管理排斥企业家群体经营；家族意识阻碍机制创新；企业封闭的内向性格束缚开放意识；经验管理削弱了知识创新能力等等。

我认为，做任何事情，都不要忽略人性的能量。纵观企业不管是"国企病"，还是"民企病"，其根本的原因是人性使然。同时，体制、机制、法律、客观环境等众多因素都会成为发"企业病"的诱因。

"民企病"的发病原因是多方面的。具体来说，一是法律与事实两个层面的矛盾造成了"民企病"。企业股东是企业的所有者，是企业财富的享有者，这是《公司法》赋予企业股东的权力。而事实上，企业股东所享受到的企业财富与其工作及贡献是不成正比的。集聚企业财富的来源是多方面的，是政府、企业、股东、员工多方合力的结果。

二是体制层面的表里不一，是造成"民企病"更深层次的原因。我国是社会主义制度，目标是建设有中国特色的社会主义，而企业实施的是西方资本主义的制度，所采取的企业治理结构也是沿用了西方的法律法规和治理模式。这就造成了矛盾与冲突，从而出现了企业病。

这些原因，直接导致改制企业分配体系发生了根本性的变化，收入从"国家来规定倍数"转为"差距上不封顶"。利益格局的变化导致人们的心态发生了根本变化，企业中下层员工心理失衡，继而对公司的忠诚度下降，当然，也不会去全心全意维护公司利益。

问：面对这些"民企病"，你们做了哪些防治工作？

答： 作为由国企改制而成的民营企业，在克服民企病的过程中，我们作了不少探索，采取了一些措施，也取得了显著效果，但仍然存在一些问题。

我们尽量创造三方共赢的局面。民企是社会组织，是老板、股东、员工三方的集合体，必须三方和谐，才能三方共赢，其中之关键：利益和谐。这就要求企业领导必须深刻认识到"企业病"是分配不公造成的。要真正了解员工心里在想什么，及时做出相应措施。要给员工提供公平公正的工作环境，充分调动积极性。作为股东，要有把财富与员工共享的胸怀和气度。

作为员工要有感恩之心，要认识到企业是自己生活的依赖，要忠诚于企业。

如果说上述做法还带有点理想化的色彩，那么，下面几点则是较为务实的想法和做法，也就是从均衡利益去"治本"。就是要想方设法让中下层员工真正成为企业发展的利益相关者，成果享受者。可以探索从雇佣制渐进到适当范围内的合作制、股份制；可以调整核算体系、考核体系、利益分成和分配体系，将员工收益与工作量相匹配；可以实行项目股份制。认真研究项目部每个员工、施工人员的利益如何和他的工作贡献相匹配；也可以完善制度约束。一些员工对企业造成了巨大损失，却无所顾忌，很关键的一条是制度上存在漏洞，或因制度执行不严，缺少监管造成的。因此，在制度流程设计中，尤其是设计到大额财物支出或采购问题，必须有制约措施和明确责任，做到防错在先，有错必罚。

人性问题其实也是人心问题。外化于行，内化于心。何以治心？我认为构筑优秀的企业文化，是治理人心的一剂良药。企业要打造鲜明的忠诚敬业的企业文化和价值观，就要大张旗鼓进行宣传，让每个员工都牢牢记住企业的价值观。尝试建立一种奖罚严厉的制度，奖其心动，罚其心痛。比如让员工与企业签订"忠诚合同"，可以仿照公务员廉政保证金的模式建立企业忠诚基金，拿出一部分奖金，作为忠诚基金。如无违反忠诚敬业行为的，离职时可一并给予；如有，则全部扣下。这样，能够极大提高违反企业价值观的成本，使其不敢患上"民企病"。

问：您曾经说过，"给员工以尊重尊严，他们会心甘情愿地为企业贡献更多。"您是怎样悟出这样的道理的？

答：我把每位员工看成亲人，真心地善待他们，也感激他们为企业做出的努力和牺牲。

20 世纪 90 年代，我们这里有一家乡办企业，很红火，很有名。老板的治厂经验之谈就是三个字：管、卡、压。后来，企业遇到市场和质量双重危机，霎时人心背离，树倒猴散。人才走的走，工人跑的跑，他的撒手锏再也没有魔力了，企业很快偃旗息鼓。多少年后，兴修水利，民工在他厂旁的河里发现大量的产品、工具、配件。他如梦初醒：我能一时管得住人，却管不住人心，当年所有"失窃"不能破案的东西，原来都是被受压迫的工人扔到一墙之隔的河里去了。这位老乡败走麦城的教训是，平时没有善待员工，在企业红火时就已埋下了隐患，一旦爆发危机，工人们便离心离德，分道扬镳，见死不救。

人性最基本的一面就是渴望获得尊重。激发员工积极性的最好办法就是尊重员工。做和善、温暖、体贴的老板，让每个人在企业的舞台上如沐春风地找到自己合适的人生定位，体现人生的价值，他们就能精力充沛，士气高昂，将潜能发挥到极致。我们无法想象，一个在单位不被尊重的人，能心甘情愿地为你出谋策划，做出贡献。可能没有一位雇员记得五年前拿了多少奖金，但许多人对老板对他说的感激、溢美之辞，却会永远铭记在心。

我在前面说过：搞好一个企业需要一帮人。企业发展永远离不开员工，你不把员工当主人看待，员工就不会把企业当自家看待；你对工人关上情感安抚的大门，工人就会对你关上甘愿付出的大门。我这人比较注重打造企业内部的相融氛围，要求各个层面相互信任、理解、尊重，形成合力、活力。企业领导层尤其需要具备"海纳百川，有容乃大"的风范，以高素质的雅量容人。既要做送温暖、办好事、解困难的"点"，更要做好尊重每个员工佛光普照的"面"。我对下属不摆架子，外地项目经理、技术人员"回家探亲"，可以不用预约，直闯我的办公室。我也常和他们一起喝酒、打牌、下棋，这既让我有了联系群众的机会，也让他们感受到了尊重。

问：俗话说：人分三六九等。东汉史学家、文学家班固，也曾将古今人物归入其《汉书·古今人表》的"九品量表"之中，分为上智、中人、下愚三等。您认为人可分等吗？

答：从人的基本权利来看，人人生而平等，是不可以分等级的。但从对人类社会发展的贡献度上看，人还是可以分等级的。

在我看来，真正的高层次之人，不唯改变一个国家和民族的命运，更致力于推动世界进程，改变人类的生存状况，影响几代甚至几十代人。前者如毛泽东，后者如爱因斯坦等。

我是在市场经济下求生存、求发展的企业家，比不上经天纬地的旷世大师，或业有专攻的学者大儒，只不过在自己的岗位上任劳任怨做了一点事情，幸运而小有成就地为一部分人谋了点福利而已。

作为一个企业家，既不要目空一切，也不能妄自菲薄。应该看到，企业家群体是当代最活跃、最荣耀，也最辛苦的。他们身上承载的是历史的使命、时代的责任。而企业家、实业家，

都是在市场经济中容易被人关注和热捧的人物，所以也很容易
自我膨胀，这就容易忘乎所以，忘记初衷，那样的话，早晚会
走向失败。

　　要想成为一个名副其实的企业家，在我看来，要具备三个
条件。首先，要具备一定的道德修养，做一个有社会责任感的公
民，能够带动一个团队致富，并对社会做出贡献，而不仅仅是一
部赚钱机器，应该恪守社会道德。其次，企业家要具备领导企业
和团队通过实践达到既定目标的战略和想法。企业家的成就感
也从这一点体现出来，亦即通常讲的经营战略与管理方法，主要
是"术"的运用。第三，企业家要具备学习的能力，有自己的
思想，既要知道别人在怎么做，更要懂得灵活运用。这个主要是
"道"的把握。具备这三点，才能成为真正的企业家。

从管理到塑魂

本节金句

有文化不一定会管理；会管理的一定有文化。

MBA 培养不出成功的老板，就像文学院培养不出伟大作家一样。

企业老板应该学会驾驭，而不是去领头干；绝对不能做一个技术专家型的老板，那样的老板是当不好的。

"管理"不是先管后理，而是先理后管。理，是理清思路，理好措施，道理说透；管，不是束缚员工手脚，往员工头上套"紧箍咒"。管的最高境界是最大限度地挖掘出员工的潜能，释放员工的创造力、创新力、爆发力，为员工搭建施展才能的舞台，把员工培养成敢想、敢说、敢干、敢为天下先的现代型员工。

你敢于面对问题，就没有问题。

问： 说说您为什么要将"企业管理"在本书中单立一小节？

答： 一个企业要想走上腾飞发展之路，没有先进的管理理念和优秀的管理团队，那是天方夜谭。管理既是一门学问，又是一门艺术。它虽有一定之规，但又不能墨守成规。MBA 培养不出成功的老板，就像文学院培养不出伟大的作家一样。所以，成功的企业家都是各显神通寻找到最适宜他们企业的管理之方，才能将自己的企业搞得风生水起。我在担任企业一把手的这二十几年里，也摸索到一些管理之道，其中不乏有一些深刻的感悟和实战的范例。

能将它们提供出来与同好切磋，给后来者以分享，也算是自己对社会的一份责任担当。

问：您在管理上到底有哪些"独门秘籍"？

答：我刚才说了，每一个成功的企业老板，或多或少都有一套最适宜自己企业的管理招数，也就是常常说的"把戏人人会变，各有巧妙不同"。我对企业管理有这样几点独立思考。

首先，我一直认为"管理"不是先管后理，而是先理后管。理，就是理清思路，理好措施，道理说透。比如说，每每集团要出一项新的举措或政策，我先要理清自己的思路，做到心中有底。然后先找集团中层干部面对面沟通，了解他们的看法，是赞成，是反对？为什么赞成，为什么反对？再说服化解，理顺他们的情绪。这样，无论决策有多么大的冲击力，都会化解于无形之中。这就是先"理"的力量使然。我们有些老总，在做决策时喜欢显示自己高人一等，故弄玄虚，自己闷在办公室里弄出个一二三四条来，然后突然在大会上宣布。结果弄得下面要么晕头转向，要么怨声载道。这样的决策往往要坏事，因为它犯了管理的大忌。

"大润发"惨遭电商收购后，其老总痛心地说："我战胜了所有的对手，却输给了这个时代！"这句话令我非常警醒。现在是什么时代？互联网、大数据、云计算的数字化时代。如果我们还津津乐道于传统的管理思维，难免要成为时代的弃儿。我们现在着力推行一种"电子采购"，就是将有采购需求的企业集约到一个网络平台上来，以此形成一个较大的买方市场。它的终极目标不是为了压价获得一点小利，而是为了达到对供货厂商"反向定制"。这是一种采购领域里革命性的创新之举。这里面买卖双方获利的空间都非常之大。因为是让你为我定制，所以议价权、定价权就牢牢掌握在买方手里，这省下的钱可不是一丁半点。比原来那种盯牢进价低、节约用的传统管理方法，其优势也不是一丁半点。这就是将现代的网络、物流、大数据等先进元素应用到我们的管理通道之后所产生的管理效应，这种效应是巨大的。一个真正有头脑、有智慧的老板知道，管理也需要集时代之大成，必须学会将先进的新东西为我所用，这样，才能顺应潮流而不被时代淘汰。

还有，在我的管理理念里面融进了一个"窗口期"的概念。所谓"窗口期"就是管理的时机。为什么说管理是门艺术？正是因为它包含了一些技巧，甚至有些戏剧性的意味。举个生活中的例子，中秋节人们都有送月饼的习俗。如果你八月十五前拎上两盒月饼去孝敬老人，老人会欢天喜地收下，对你称赞有加；如果八月十六才拎两盒月饼去送老人，对方一定心里嘀咕，是你吃剩下的才送我的吧？做同样的事情，时间节点没踩准，效果会截然相反。

具体到企业管理中，比如用人也得看准时机。用早了，他还没成熟，会误事；用晚了，他要么早已跳槽，要么牢骚满腹，也不利于事。找人谈话，谈早了，时机不成熟，没有效果；谈晚了，又成了牛过了河拽尾巴，于事无补。所以，优秀的企业管理者一定是个眼观六路、耳听八方的交通指挥者；一定是个眼到心到手到的钢琴演奏家。管理的节奏充分体现其艺术性。

当然，在利用一切现代化手段提升管理水平的同时，也不能丢弃传统管理中的一些有效手段。尤其是在微观管理方面，传统管理手段还是卓有成效的。比如工程上需用 6.4 米的钢筋，而供货商一般都是卖定尺 12 米。你就这样买回来，还得截断，多出来的钢筋要么丢弃，要么焊接起来再用，要浪费很多人力物力。要是只买 6.4 米的呢？人家供货商说每吨要加 20 元，那加就加呗！看似每吨多了 20 元，其实不知节省了多少个 20 元。这也是我一直强调的"综合成本"的概念。

再说什么是管理。你带的一帮人，不是说你带头努力做就行。你一定要把利益关系摆平才能把人带动。跟着你走，利益必须能满足其基本心理需求，要让心理需求跟环境匹配。我后来在上海干，也是这样。首先开会，工程有钱赚没钱赚，你不要担心，你跟我走，我保证你一个月拿多少钱；但是，我保证你收入，你必须保证把我的事情做好，这是条件。现在人很现实。你要基本搞清楚所带领的每一个人，家里有什么问题，他本人有什么大的需求，这就是领导艺术。很多人永远都做不到老板，因为他不了解跟着自己的人在想什么。我们当领导的，说话要算数，叫你做的事、答应你的事必须兑现，这就是我的性格。所以，我的弟兄们都说我很义气，我说这不是义气，这是做人的原则，做领导的基本的素质。

问：人说"家和万事兴"。同样，一个企业内部的和谐，对企业的发展也是至关重要的。那么，这"和谐"二字究竟有怎样的内涵呢？

答：这其实也是管理创新的话题。我经常和员工讲，企业和谐的核心是利益的和谐。企业是一个社会经济组织，内部有成千上万的员工，如果内部利益不公平是不会太平无事的。我一直坚持，企业是一个利益共同体。董事长也好，员工也好，如果形成了落差很大的不同的利益群体，企业是搞不好的。要好，我们一起好，大家在一个利益共同体里面，这是一个核心的东西。

为了追求这个目标，我们设计了很多很多。有人曾说过，你们改制做得那么好，每年的利润分红可以超过100%，但是我从来没有这么分过。我们的利润分红一般在20%到50%，还有大量的财富留在企业继续用于发展。那又有人问我，资本积累多了以后到底属于谁的？按照法律讲，你钱没有分给我是不对的，按照公司法这是股东的权利。我跟他们讲，这样分配也是考虑到一个利益和谐的问题。我说，在我们建筑行业里，资本的投入虽然很重要，但不是决定因素，决定因素是管理，如果管理不好，就算投再多的钱搞工程，管理骨干得不到实惠，都跑了，工程肯定搞不好。我还举了一个例子。与我们通州市相隔不远的一个县公司，当时公司的一个董事去世了。这个董事年纪不太大，夫人是个农村妇女，小孩子大学还没有上完。按照公司法规定，他是可以将他的股份给他的直系亲属继承的，他的夫人依法继承了。一个农村妇女，开董事会时什么都不管，只问能分多少红，企业是怎么发展、怎么生产的她不管，也管不了。所以，不要以为进入董事会，你投了钱，就能把企业搞好。另外，我还讲，我们所有人包括我在内，到了年龄，股权要退出来。到了法定退休年龄，我的股份不能超200万元，到了70周岁要全部退出，一分钱不留。所以，我的企业不会传给我的子女，所有的董事们都不能这么传，都要按照我们内部设定的体系来传。这样，就能保证所有的股东永远都是在职在岗的员工。

另外，一个企业的和谐除了经济利益的和谐，还有一个权力结构的和谐。我们几年前引进的大学生，最高职位已经到副总了，也给他配备了相应的股权。本来改制以后是过了这个村就没有这个店的，但我这儿有。我们现在每三年评定一次新股东，做得好的人员先成为小股东，随着贡献越来越大，将来能够成为董事，在主席台就座的有可能就是这些人。这个体制大大激发了后来的年轻人，让他们摒弃了打工者的心态，认识到自己不是一个永远的打工者，很有可能上升到公司最高管理层。这一点，我认为是和谐的又一个核心。

问：企业是您人生起步的地方，也可能是您事业终结的地方。那么，您想将这个您为之奋斗一生的企业带向何方？

答：我的人生起点确实是从建筑起家的，但我的人生终点不一定归结在建筑上。我是个到老都心很"野"的人。我将"四建"这么一个经济实体做到"达海"这样一个资本运作的公司，就是在不断提升。企业发展过程中，时代在变化，企业必须根据不同的发展阶段和状况来决定自己的规模和形式。

管理团队是很复杂的，像管理国家一样，国家那么大，怎么管？于是，就分了很多省，省再分成很多市，市再分了很多县，每个地方管理就成了一个体系。如果说你不这么分体系，在同一个法人治理下，你是没办法做下去的。

作为一个领导者，你所能管的人、你能控制的人，或者说你能密切跟踪管理的人，估计在30个、50个，有100个你就了不起了，因为一年只有 365 天，而要做的事很多。100 个人都要你自己去管理指导的话，你已经很累了。那就必须抓几个核心人物。比如说一个企业里面，这么大一个体系，只抓几个人，可能做不到，那我就把它分成若干个单位，就抓几个董事长。现在二十几个达海控股集团下面的子公司，我只抓二三十个人，这二三十个全是董事长、总经理。

作为企业的管理者，管理的能力也是有限的，不可能管很多具体的事情和人。那就必须从微观的管理提升到宏观的管理。什么叫宏观管理？就是我只管企业的发展大方向，不管企业内部的运行。让企业具有一定的、独立自主的权力空间，这不仅解放了你的手脚，同时也调动了下面子公司负责人的积极性。另外，无论是房产开发也好，建筑施工也好，智能也好，装饰装潢也好，设计院也好，虽然同属一个大的行业，但各自有不同的专业。不同的专业就有不同的运行模式。

当然，因为有了达海控股集团，企业发展就海阔天空。达海是一个投资公司，是一个控股公司。我们所有的钱、所有的资源，都是达海施展拳脚的坚强后盾。现在我们有很多公司，往后发展，一个实体企业转成一个控股企业的管理，是实质性的转变，我就能脱离很多具体事情。现在我们搞的很多基金管理公司，也参与到资本运作里面去了，实体经济不结合资本，永远做不大。现在我们就是在两个地方来整合资金，就是我们达海控股做的事。一个是定期给子公司进行宏观的控制，制定发展的定位。这中间我们有四个手段来管理公司，一个手段就是制定目标，考核指标。第二个是进行必要的审计，财务的审计和公司管理的审计。第三个是定期管理评审。达海控股到下面单位，看你的管理有没有按照你的制度、管理章法、章程做事情？评审过程主要是有没有执行集团公司的所有的规章制度，这叫管理评审。第四个就是述职制度。所有委派的董事长、总经理定期必须向集团、向董事会述职。我想我把这些设计好了，大方向定下了，不管我在不在位，达海是靠体制在管理，靠机制在运作，应该会走向很好的明天。

问：没有规矩，不成方圆。管理直接关系到企业的健康发展。谈谈企业制度的创新和执行的那些事，行吗？

答：企业的发展要有与时俱进的合理制度。所以，我们在企业管理中，一直很在乎制度的建设和创新。我在率领企业做大做强的过程中，确实花了一番心血，成功推出了一系列体制机制改革创新，立了"新规矩"，极大地激发了企业活力。

　　当然，我们公司制定的所有新制度都贯穿着一个原则，那就是既要让年轻人看到希望，又要保护老同志的利益。

问：您曾说过"企业老板应该学会驾驭，而不是去领头干"。请再细说说这其中的道理。

答：大家都在讲创新，其实，创新的领域很宽。作为一个企业，有制度创新、技术创新；作为企业管理者，还要思想创新、管理创新。在管理创新上，我一直在探索。像我这个技术出身的人进入管理岗位，更有一些心得。

那年，我在清华大学钱学森班做了一个讲座。有很多学生问我：您认为做管理的人有技术好，还是没技术好？技术人转成管理人有什么难度？

我和他们讲，一开始我也总以自己是工程师出身感到自信，但是真正进去以后发现完全不是那么回事，有时候反而会为技术所累。因为自己专业能力强，容易发现问题，下属解决不了时，喜欢亲力亲为，什么都管，结果可能什么都管不好。什么都管是老板的误区。管仲说："君身善，则不公矣。"意思是说，如果国君事必躬亲，这样就会不公平，做企业同样也是这个道理。

绝对不能做一个技术专家型。你看这个不行，那个也不行，以为自己的技术比所有人强，什么都要管，那就错了！如果这样做的话，企业肯定搞不好。

老板需要从日常琐事中抽身，空出更多时间思考企业的发展方向、发展战略。

我做这么多年老总后有个体会：做老板要学会"放"。每个人有每个人的位置，每个人有每个人应该做的事情，你不能把下边的事做掉。因此，我们要学会做一个"驾驭者"，而不是"领头羊"。"领头"是什么？必须是第一个，冲得最快，什么都做在前面，这是管理的大忌。开始你的精力旺盛、体力很强，可以冲锋在前；当你的精力和体力都下来的时候，整个团队就跟你下来了。"将军的使命不是冲锋在先，而是运筹帷幄，决胜千里。"

什么是"驾驭"？就是指挥整个团队往前冲，以最快的速度、向着最准确的方向冲。"驾驭者"在车上一扬鞭，骏马飞奔而去……"驾驭者"是掌握速度，把握方向的。

具体说到我们的企业，每年差不多有 1500 多个项目，即使我一天看 3 个，一年才能看完一遍。如果我整天忙于管项目，怎么能"驾驭"好这个企业？

做老板就是整合资源，就是调动大家积极性，平衡各方利益关系。企业家不可事无巨细都要抓，精力跟不上，肯定会误事。

问：您曾经在清华大学为博士生做讲座，能讲讲这方面的情况吗？

答： 我在清华大学继续教育学院上 EMBA 期间，校方邀请我给清华大学钱学森研究生班（都是博士生）做一个讲座。不给题目，就让我把自己的成长、对社会的认识，随便讲讲，一个半小时之后再交流。没有主题的讲座是最难的，特别是面对全中国最优秀的 35 名博士。一个半小时的时间很快就在我"天南海北"讲述中流走了。交流时间，有学生举手提问："耿教授，我已经仔细看过您的背景资料，您是一个学专业技术出身的老总，但是您今天跟我们讲的全是管理的道理、做人的道理。那么，作为一个专业技术人员来做管理工作，您认为专业知识对您的管理工作是支撑，还是制约？"这个问题我感觉蛮有意思的。我就从做人的三种思维方式说开去。哪三种思维方式？先说其中一种，叫"技术性思维方式"。书中的那些公式、定律就是"技术性思维"，其特点就是"非对即错"。1+1 就等于 2，等于 3 就是错了。你画个图应该是上北下南，就不能上南下北。这就是技术性思维，有其固有的规定和套路，严格的对和错的区分。如果将这种思维方式拿到管理上来，是要出问题的。管理上没有绝对的对与错。第二种叫"管理型思维方式"。比如说你今天到北京去，是从上海绕一下，是从南通直接坐飞机去，还是转道苏州坐高铁去？只要能到达北京，没误事，都可以选择，没有对错之分。管理是"目标性思维"，只要把这件事做成了，至于怎么做，过程中没有什么对错，达到目标就对了，达不到目标就错了。这就是管理中的"目标性思维"。而"技术性思维"是对和错的思维，哪怕你的结果是对的，中间过程错了，那你也是错的。这就是"技术性思维"与"管理型思维"的本质区别。

我开始当老总时，真的很痛苦，因为我是个很好的工程师，是个非常好的项目经理，指挥现场也非常得心应手。所以一开始我看这个也不顺眼，看那个也不顺眼。施工方案写不好，组织设计稿写不好，很多技术措施写不出来，经常是你不行，我来。后来公司发展大了，你就是三头六臂，日夜不睡，也忙不过来。管理不能这么做。下面的人做错了，我不会再亲自改，退回去让他们自己改。慢慢地，我把自己从具体的事务中解放出来。后来通过学习明白了用技术性思维做领导很痛苦的道理，管理和技术要分开，要管好企业，核心是把你用的那一群人用好，最后达到让团队所有人都忙得不亦乐乎，而我只要在大方向上把握境界就行了。管理的境界是把员工的个人能动性发挥到极致，把员工所有的积极性调动至最高，把你这个团队实现目标的能力调动到最强，就是最高的管理水平。你自己做得好不重要，要有一群人做得好，团队做得好，才是最重要的。

等到你将管理的理念吃透了，管理水平提升了，你的专业水平专业技能，对你的管理将是强有力的支持。因为有些重大问题你会站在一个内行的高度去思考，会避免一些可能的重大事件。

比如有基层干部来汇报事情，想掺点水分，我一听就明白。很多人都知道我有个习惯，汇报了半天，只要我问一句，你认为就是这样的吗？他们就知道哪儿肯定出问题了，大多不声不响拿回去改。这就是专业技术管理起到支撑作用。

后来那个学生又给我提了一个问题："我们班每个同学都很自信，都认为老子天下第一。请问耿教授，您认为这是优点，还是缺点？"这个问题也是蛮厉害的，暗含着一种挑战。你肯定也不对，否定也不好，两难呢！这是智慧的较量，估计他是想看看这个"土教授"到底有多牛。

我是这样说的：从中国的最高学府清华大学，从清华大学的钱学森班，从中国成千上万的人里面选中你们这35个人，说明你们就是国之栋梁，是中国的精英，如果你们不自信，你们不是老子天下第一，就不配坐在这儿。中国那么多人，就你们几十个人坐在这儿研读中国航天发动机技术的人，你们不是第一，你们能来吗？不光是做中国第一，你们还要做世界第一，这是你们必须具备的基本素质之一——自信！如果你们还不自信，你们坐到这儿干吗？中华民族还有什么希望？接下来，我话锋一转，"但是我告诉你一句话，这个世界上有无数人自信，可如果不在你专属的频道也不行，不信，你来给我盖栋房子试试？你来给我管理公司试试？我说我很自信，为什么？我的自信是建立在自己的学识和专业基础上的。但没有一个人是全才，你能搞航天发动机，你能看病吗？你能做高档衣服吗？你能烧个招待国宾的大菜吗？我想你都不会。我告诉你，厨师也有世界第一的厨师，看病也有最好的医生，做衣服也有最好的时装设计师。这些你都不会，你在这些行当里能自信得起来吗？所以，一个人的自信，是有限度的。他不是全方位的天下第一。顶级的奥运选手也只能参加十项全能的比赛，不能参加一百项全能。从这个意义上来讲，人人都应该在一个特殊的限定范围之内自信。你们的自信是建立在你的专业和学业基础上的，我的自信是建立在我的学识和管理岗位基础上的，那么，我们俩怎么相处？在同行里面，你可以称第一，同时，你要尊重另外行业里的第一，要尊重他的人格和他的专业造诣。"

问：人们常说"无奸不商"，您能认同这个观点吗？

答：先得做个更正，不是"无奸不商"，而是"无尖不商"。这话本来是出自古代米商做生意的典故。从前，卖家在量米时会以一把红木戒尺之类削平升斗内隆起的米，以确保分量准足。银货两讫成交之后，商家会另外在米筐里汆点米，加在米斗上，如是已抹平的米表面便会鼓成一撮"尖头"，让斗里的米冒尖儿。因此有了"无尖不商"一说。量好米再加点添点，这是老派生意人的一种生意噱头。别小看这一撮"添头"，却很让客人受用。这些生意噱头还体现在布庄扯布上，"足尺放三""加三放尺"，拷油拷酒也都有点添头。旧上海的十里洋场，在王家沙吃小笼馒头，免费送蛋皮丝开洋清汤；"老大昌"称糖果奉送两根品牌三色棒头糖。后来随着时代发展，逐渐演变成了"无奸不商"，意思也发生了翻天覆地的变化，似乎不奸诈就不能做商人。

在商言商。我们还有一种思维方式是"商业思维方式"。其实，商业思维本身跟价值没有关系。我们中国人总喜欢琢磨这东西造价一块钱，我卖一块两毛钱，已经很好了。这个是价值思维。其实，商品没有一个衡定的价值，价值是跟着需求起伏的。一是"以少卖多"，东西少了，奇货可居，自然就要立刻涨价；二是"以爱卖贵"，你喜爱这个东西，我就按照你的支付能力来确定价格，这就是商业思维。有人喜欢钻石，钻石有什么用呢？也就是一块石头，精加工了一下。值多少钱呢？买家是个亿万富翁，对不起，开价500万。钻石恒久远，一颗永流传。买家眼睛眨都没眨，买了。他支付得起啊！还觉得这个价跟他很配。可是你去卖给一个普通农民试试，恐怕50块他都嫌贵。一样的东西，为什么相差这么大呢？它有正价么？这里面促成买卖的不光是商品本身，还有"我喜欢""我的身份"，以及卖概念……它到底值多少？没有正价。按照买家的身份和支付能力来确定价格，这是合理的，不是商业欺诈。"漫天要价，就地还钱"，关键是愿买愿卖。5块钱买件衬衫很便宜，你说你能穿吗？样子不错，就5块钱，可你穿在身上不舒服，因为你的身价不是这样的。500块？马马虎虎，质量不太好；5000块？这个我看看……所以，价格的定位，你不能一概而论。这个手表做的是五个人工，我一个人工500块，五五二十五，我卖3000块就不亏了，我卖6000块，就觉得很赚了。其实，这样想就有问题了。要是说这个手表特别漂亮，遇到喜欢的，有钱的，卖他500万，他拿了去还很开心。你说世上的那些奢侈品，要起来都是天价，算算成本，能有几何？所以说我的成本，跟你喜欢程度是两码事，这就是商业文化，商品根据使用者的情况来开价，这是有道理的。

问： 老子的一句"无为而治"在中国回响了几千年。如果将其放到企业管理的背景中，您是如何解读的？

答： 老子还有一句叫"道常无为而无不为"，说的是人要遵循自然之理，不要做违反自然规律的事，这是说"无为"；而"无不为"则是那些符合自然之道的事，你是必须要做的。具体到企业领导，你在"无为"的时候，同时也要建立你的人格魅力、管理思想、领导者的威望，到这个层面，你"不为"就是在"为"，这就是所谓的"无为而治"。但是这并不是无所作为，是在心目中的无形的为，这样才能驾驭企业。作为一个精神领袖，你的思维模式和眼光一定要上"道"。要想超越别人，你一定要弄清楚"道理"和自己的想法，不能跟在别人后面乱为。

问： 有一个旅美教授写了一本叫《别做正常的傻瓜》的书。它用深入浅出的方法帮助你发现自己决策中的误区，从而使你比大多数人少几分正常，多几分理性。它对经常要做出决策的人有着很大帮助。这本书您看过吗？

答： 这本书我看了很多遍，他的经济学讲得很有意思。很多东西看起来很正常，但其实是错误的。比如说有人花 1000 万在上海买套房，三年都不装修，放在那儿等升值。好啦，物业费来收费，他就和物业争得脸红脖子粗，我房子还没有住，你收什么物业费？其实物业管理费财只收几千块钱，他一年的利息就是 100万。他不想我房子买了又不用，一年损失 100 万，几千元的物业费他倒计较得不得了，本末倒置嘛。这样的傻瓜多啊！这是一本能启迪人智慧的好书，它能用浅显的道理改变你很多自认为正常的思维、正常的观念。这本书对我用人的观念很有启发。正常的套路我不去讲。怎么考核，怎么使用……这些东西大家都会的。但是到了具体操作的时候，还是有很多的技巧在里面。比如说忠诚的对象是谁？是对企业的忠诚，还是对企业老总的忠诚？这是两个概念。我要的是对企业的忠诚，是对你所在的这个部门忠诚，对这个集体团队的忠诚，而不是对我这个老板的忠诚。这样的话你理解起来就很好做了。你不要以为跟你发生一次争执、持不同意见的人，就是不好的人。其实有些人真的是需要，特别是做老板时间长了人，总认为自己是对的，都认为在这个企业里一定是他的决策水平最高。其实并不是这样的。虽说最终的决策都是由你拍板，但这里面融合了许多别人的意见和看法。你拍板多了就容易忽略了这些，总感觉别人没有水平，自己最厉害。如果一个企业做到没有其他声音了，那老板也是很难受的。我们做老板的最怕的是什么，就是决策前的两种现象：一种是大家发表一通意见，正面的是什么，负面的是什么，做好了有什么成功，做不好有可能失败，分析完了，老板，你定！这个是最可怕的，为什么？他们一个个像先知般，什么都看得清清楚楚，也貌似说得清清楚楚。做成功了，怎么样？我早就说过这事会成功的。你做失败了，怎么样？我早说过的，这样做会出大事的！他永远立于不败之地，而对我的决策丝毫没有帮助。第二种是"徐庶进曹营——一言不发"，或者讲，老板，这个事情你决定，我们都没意见，你怎么说就怎么做。这也很可怕的。领导当久了以后，容易犯先入为主的错误。人说旁观者清，你作为我的副手或助手，有责任对我做出适时的提醒。一个团队中，最怕的是高谈阔论，东一榔头西一棒槌瞎吹一通，或者大家都不发表意见。领导班子要有点争论，你们必须发表意见，赞成抑或反对，你必须跟我讲清楚。尤其是讨论具体部门的问题，作为熟悉部门情况的主管，你更要敢于发表自己的意见。因为你的意见对我做出正确的决策有很大帮助。像这样的"不同意见"我是求之不得，怎么会因为与我的意见相左而记恨你呢？至于那些有关全局的观察，我也不强求每个人都要发表意见，因为毕竟各人站的角度有局限。

还有个常人认为是正确的其实也是有问题的现象，那就是对上级领导唱赞歌的比例越高，这个领导就越好。我常说自己当了 22 年一把手，得罪三五十个人，可能是有的。因为一个政策的出台，肯定是一部分人能得益，另一部分人的权益就会受到影响，想要双赢或多赢是很难的。这就很容易得罪人。那你能因为怕得罪人就不工作吗？要想做事肯定会有一部分人反对，有对立面，除非你不做事。所以我说，一个领导在民主测评中如果拿到 95% 以上的票，这一定只是个老好人。什么是最好呢？我认为是 85%，有 85% 以上的人认可你，你就是很称职的领导了。敢得罪人，敢承担责任，敢决策的人，这才是正常的。只看百分比的高低来评判一个人是错误的。

问：企业领导无论大小，都必须拥有一个本领，叫作"驭人有术"。可以谈谈您的"术"吗？

答：你说的这个"术"，我理解的就是一个"道"，合乎道理的管人之道。

人人都渴望被信任、被尊重，并希望能够有所成就和贡献。只要领导者有效激励员工的自尊心和荣誉感，员工自然会竭诚相报。领导者激励员工的方法不能单纯靠自己所拥有的法定权力，而要靠自身的影响力，靠自己所具备的人格魅力，身体力行，去影响和带动员工，使员工看到领导者的新观念、新举措能给企业带来发展，给员工个人带来更大实惠，从而赢得员工的信任。当员工对领导者有了信任感，就会自觉全力投入各项工作，并努力取得好成绩。说到底，这就是企业文化。如果说员工和企业真正同频共振了，就说明企业文化形成了。

企业文化是企业发展的根本动力，是打造百年老店的坚强保证。企业文化应该是多元的，是不同文化的交融、互补，最终同化成一种被大家共同认知的核心文化。

我们首先是努力倡导企业的伙伴文化。当初改制时，我们以股联心、接受全员，激发热情；在企业进行利益分配时，我们还本着"员工第一，股东第二"的宗旨，企业发展了，首先考虑的是员工的利益。所有这些，大大增强了员工对企业的长期归属感和责任感，激发了员工的向心力和团队精神。

再有就是着重打造企业的绩效文化。企业改制后，对薪酬制度进行了一系列的改革。工人按完成的劳动定额，实行按劳分配，多劳多得；管理人员实行年薪制，其中对公司经济效益不产生直接影响的人员实行固定年薪制，与公司效益直接相关的人员实行效益年薪制。通过建立科学的绩效考评体系，合理、客观地评价每个员工的工作实绩，把薪酬与个人绩效紧密联系，既体现"多劳多得，绩效优先"的分配理念，又体现了员工价值，每个员工在南通四建都会受到平等的待遇。随着企业效益的增长，员工收入也逐年提高，让员工实实在在感受到明年会比今年更好。同时，通过目标激励、荣誉激励等多种形式的激励，激发了员工的工作积极性和主动性，员工的工作态度、工作质量、工作效率和爱岗敬业精神有了明显的提高。

不断强化企业的人本文化。我们把对人的开发与管理放在企业管理的首要位置上。在管理中逐步从传统的偏重于员工的物质需求和经济利益转向文化管理，重视员工的精神作用。通过创建学习型企业，培育员工的团队精神，把员工个人目标同化于企业目标，使每个员工对企业都有真心实意的忠诚感，并且具有团队的荣誉感。对企业来说能够胜任岗位的就是人才，为企业发展做出贡献的就是优秀人才。对人才的发掘，我们不只看那些已经被选拔任用的人，更注意发现那些尚未被发现，其价值得不到体现、未能人尽其才的人，避免埋没真人才、流失好人才。

在长期的管理实践中，我们感到用纯粹的制度来管理企业很难激发员工的工作热情，只有把优秀企业文化融入企业管理的各个环节，在企业管理中运用"文化"来激励员工，才能使企业保持快速稳定发展。于是我们首先确立了员工靠文化来凝聚，管理靠文化来推动的理念。企业制度可以制订得很严格，但在管理中必须要与融通情感相结合，要以人为本，实行人性化管理。其本质就是通过制度创新来实现与提高员工对制度的认同，继而能让制度达到最有效的执行效果。员工理解了制度，认同了制度，就会自觉地执行制度。要让员工理解制度，认同制度，首要的是制订制度的人要信任员工、尊重员工，要使制订的制度能够发掘潜能，能够体现人性化。

此外，注重培养员工高尚的主人文化也是有效的管理手段。在我们公司，管理者和员工互相尊重、互相信任。员工把自己看作是企业的主人，是管理者平等的合作伙伴，而不是简单的雇员，更不是对立面。鼓励员工把企业当自家，立足本职岗位，着眼企业发展，于细微处见真情：瓦工一天多砌一块砖、多浇一锹混凝土，电工一天多安装一只开关、多接一盏灯，水工一天多接一米水管、多安装一只水龙头……正是从这些事微不足道的小事上，足以看出他们以企业为家的情怀。他们中有在平凡岗位上默默奉献的优秀共产党员，有被当地评为"东方十勇士"的见义勇为者，更多的是"青年突击队"队员。他们积极为企业献计献策，凡是听到工程信息都第一时间汇报给领导，供领导决策。他们经常结合施工生产的难点，从操作层面上进行技术攻关，力求加快施工进度，节约工程成本。他们在施工生产中，容易做的事做，难做的事也一样做，定额高的做，定额低的也一样做，没有人讲条件，也没有人计较个人得失。他们从不丢弃一颗钉子、一寸铁丝做起，注意点滴节约，所以施工现场总是整齐有序，干干净净的。在公司每年年初召开的职工代表大会上，代表们都要把合理化建议带到公司，参与企业发展大计方针的讨论，群策群力，共同为企业的发展出谋划策。企业关心员工，员工热爱企业，南通四建已形成一个颇具特色的企业文化氛围。

从时间到空间

本节金句

进入新常态，暴利时代已经结束，微利时代到来，要靠自己的创造和判断来挣钱。

小成在智、大成在德。大家都想企业经久不衰，办成"百年老店"，怎样做到这一点，我认为：必须培植与百年老店相符的企业文化。一个企业没有文化是没有生命力的，而道德文化是建设的首义，在企业中注重道德教化，培植敬业乐群、讲究奉献和人生理想等人文精神，使企业文化具有更加深厚的底蕴，企业才能在时间上得到延续，在空间上得到发展。

南通四建要做成百年老店，就得有进有出，就要让年轻人看到希望，让研究生、博士生看到希望——自己不是总为老板打工的，自身的上升通道一直是通畅的。一个企业，不能因为一个人退休而倒下去，我们就是要破这个怪圈。如果公司离开某个人就不行了，这就是你的体系、制度没建设好。

问：当前有个很时髦的词儿叫"新常态"，您认为这个"新常态"有哪些含义，在"新常态"下企业应该怎么发展？

答： 现在大家都在讲新常态，其实这个词有很多解释。相对来讲，是与原来的发展模式相比，才有新常态一说。改革开放四十年来，我国经济发展速度非常快，但是多数还是处于一种"摸着石头过河"的状态，还在寻找普遍规律。

改革开放之初，卖水果的、卖茶叶蛋的收入超过做原子弹的。那个时候只要做生意就能挣钱。后来就是做双轨制，计划经济和市场经济在交叉时，很多材料、市场都是双轨的，拿到项目就能找到突破口；房地产发展也经历几上几下，谁圈到地谁就发展，有时候怎么赚的都搞不清楚。而现在所提的新常态，就是根据国家发展的大背景，重新进行定位和认识，不同于以往的、相对稳定的一种状态。

我们国家原来的经济发展是随着政府的政策变化而变化的，这在粗放的发展阶段还是行之有效的。特别是在我们的基础比较薄和劳动力价格还比较低的时候，谁走在前面都可以发展。当今世界，我国经济发展规模已经排名世界第二，成为第一制造业大国，如果我们还是这样粗放发展，劳动力、能源、环境等各方面都是支撑不了的。因此，在当今时节提出新常态，非常有意义。

在经济新常态下，企业的新常态具有以下几大特征：一是暴利时代已经结束，微利时代到来，要靠自己的创造和判断来挣钱。信息技术是提高企业管理水平的重要手段，现代制造业需要用互联网提供支撑。如生产航空发动机的厂家，能把所有发动机的运行数据，通过无线网络传输到数据中心。天上飞的每一架飞机，只要是他们生产的，在发动机工作的时候，各种参数、运行状态，工厂都知道。看起来是一个售后服务，实际上这不仅仅是对产品全寿命周期的管理和服务，更是提升企业管理水平和提高产品质量的主要手段。原先一款产品生产出来卖到市场后，就不是厂家的事情了，没有人知道产品使用信息。作为生产厂家，如果你能掌握产品整个生命周期的各种性能，那将是一个巨大的革命。了解产品使用过程中可能出现的问题，就为下一轮生产提供了重要的改良提升基础。而且通过收集以前所有产品运行的数据，运用大数据的分析能力，提高产品品质。企业产品在不断地纠正和提高，不断地提高企业管理水平，企业的质量控制、产品控制将会达到非常高的水平。这种管理水平和生产能力，离开互联网是做不到的。以互联网为基础的现代制造业，利用互联网、物联网技术，对运行数据信息进行收集监控，可以实现对产品质量全生命周期的质的提升。我们公司在上海收购了一个电梯制造厂，就尝试把现代的互联网嫁接到传统制造业中去，实现智能制造。电梯在使用过程中，如果把运行状况、安全系数、当事人、设施是否正常运转等原始数据输入网络，公司就能随时掌握生产的每一台设备的工作状况，从中寻找产品的优点和缺点，再不断地改进，这为自身的产品制造提供了非常重要的支撑，同时也为客户提供了非常好的服务。公司自主研发的云科技服务平台，就是基于物联网技术而开发的。把信息传输到中央控制器，找出设备异常的数据，达到最快速度解决问题的目的。公司已经在上海耐克仓储物流中心项目成功实现此项技术。

二是企业的国际化成为一种常态。这两年我们国家的发展，得益于全球化、国际化。新常态下，我们要审时度势，利用当今社会对我们国家发展有利的时间段，为我所用。根据不同的产品定位和不同的社会需求，来设定适合的管理模式，这是最关键的。企业要做长久，做高品位，做高价格，还是做大众化，做销量，这是一个选择。我们中国没有奢侈品，就因为一旦销量好，马上大量生产，生产多了价格马上下来，这就是一个怪圈。像我们国家原来的稀土，在世界上最紧俏的，结果由于到处挖来卖，卖出了个土价钱，黄沙价钱。到底是产量取胜还是量控制取胜，这需要战略选择。

新常态下中国政府大力简政放权，市场活力进一步释放，市场准入下降，注册资本开始淡化。建筑企业是分等级的，有特级、一级、二级等，这是行政主管部门即政府对企业划分的等级，实际上是政府给企业在背书，承担了检查监督的责任。我认为，市场经济条件下，企业能做多少，关键是要拿出方案、技术措施、物资设备和人员配备等，一事一议。如果资质淡化，注册资本淡化，企业的管理就市场化，这就需要政府调整市场准入制度、企业资质制度等。

新常态下企业应该怎么发展，这很难说，因为每个企业有不同的情况，每个行业有不同的情况。但是我们有一个体会，以现代信息高技术武装起来的互联网将成为发展的新趋势，互联网时代已经来临，这是不争的事实。在新常态下充分利用互联网，发挥其功能，这是我们需要认真考虑的。

问： 现行《企业法》规定投资者和经营者要分开，而南通四建似乎并没有这样做，据说这也与您的"企业时空观"有关？

答： 企业要想保持旺盛的生命力，必须有一个符合企业实际情况的体制设计。法有法理，但企业也有企业的实情。不顾实情而固守法理，就会水土不服，对企业发展有百害而无一利。我一直认为，目前无论是社会大环境还是四建这个小环境，都不具备投资者与经营者分开的条件。第一个理由：目前企业职业经理人队伍没有形成，不像国外有些人专门到公司做管理。中国的文化里没有高级职业经理人的文化，要当就是老板。老板是"鸡头"不是"凤尾"，这是中国的文化。现在你想到市场上聘一个能管两三万人的职业经理，很难；第二个理由，在于价值观念，建筑是劳动密集型行业，效益和利润是靠工人劳动干出来的，是靠经理层经营管理出来的，还是投资人的资金产生出来的，还未有定论。很少有人相信：你投了钱，把公司做大了，有这个平台了，所以才赚到钱的。在中国目前还欠缺对资本的认可。

所以我就想一个问题，如果公司把投资者和管理层分开的话，就会产生一种博弈：经营者认为这个企业搞好了，是自己管理得好；投资者则认为是我们给你建立的平台，我的作用最大。到底谁应拿到最大的利益，就会发生冲突。企业最怕团队不是一个利益共同体，因利益而内部产生对立面是企业的大忌。

所以我最终认为"合二为一"的模式，目前对南通四建是最合适的。所以希望董事大股东到了退休年龄，不再适宜参加管理经营的时候，就要把股份拿出来（可留一小部分），转给别人。股权要不断轮换，不是你在，这个公司就永远是你的，不应该这样。但这个观点与《公司法》也是违背的，与国际上流行的观念是不一致的。

南通四建要做成百年老店，就得有进有出，就要让年轻人看到希望，让研究生、博士生看到希望——自己不是总为老板打工的，自身的上升通道一直是通畅的。随着年纪的增大，体力和脑力都会有所下降，怎么办？你要让出岗位，只保留一小部分股权，大部分退出，留给下一任的董事或经营层。一个企业，不能因为一个人退休而倒下去，这样的事例不少，我们就是要破这个怪圈。如果公司离开某个人就不行了，这就是你的体系、制度没建设好。应该有一个制度保障，一个企业或一个国家都应该这样。我常把这些道理讲给员工听，他们很认可。

从心态到形态

本节金句

调整好心态不是叫大家去做一个庸俗、无为的人，我们在力所能及的范围内科学地调整好自己的心态，有利于我们更好地完成更多的事，只有拥有了好的心态才能做成大事，很多心怀宽阔的人，都是在不断地调整自己心态的情况下成长起来的。

员工来访，你是既要有"身份"又要淡化你的"身份"，即你要站在一个领导者的角度去想问题，解决问题，而不是拿这个身份去压人。淡化身份就是要放下身段，站在人格平等的高度与来访者打交道。

领导和你好，但绝对不会包庇你犯法。你过了这根线，所有的领导都保不住你。所以说命运掌握在自己手上，就是平时做任何事都要思考有没有踩底线、过红线。

中国有 5000 年的文明史，历史典故数之不尽。一个人的生命长度有限，但是生命的厚度是可以增加的。

问：英国作家狄更斯说过："一个健全的心态，比一百种智慧都更有力量。"您是如何把握好团队成员的心态并且管理好团队的呢？

答：这是个心理学范畴的问题。美国著名心理学家马斯洛对心态有过这样一段精彩的描述："一个人心态若改变，态度跟着改变；态度改变，习惯跟着改变；习惯改变，性格跟着改变；性格改变，人生就跟着改变。"可见一个人要想获得成功，拥有一个正确的心态是重要的先决条件。

当前我们正处在社会深刻转型、企业深化改革的时期。不同利益的调整与博弈，带来不同诉求的表达和不同价值观念的碰撞与交锋，自然也就造成社会成员、企业员工的心理认识的动荡冲击。这很容易造成人们不良心态的产生。这不但影响个人事业的成败，更影响公司和社会的健康发展。正确管理好自己的心态是一件非常重要的事情。

心态管理不是每一个人都一样的，因为各自的文化底蕴不一样：不同企业有不同企业的文化，不同团队有不同团队的文化，不同的个人有不同的个人文化。每个人在不同的阶段处于不同的地位和不同的环境，也会产生不同的心态。在单位如何跟同事相处，在家里如何跟家人相处，如何跟老同志相处，如何跟年轻同志相处，这些都需要用不同的心态来对待，也需要我们根据环境的变化不断地调整自己的心态，所以人的心态管理是一个很复杂的系统工程。

我并不认为天天保持一个乐观向上的心态就是好事，因为客观现实总不以人的意志为转移，我们需要在不同的场合中适时地调整自己的心态。

首先从年龄上来讲一讲。孔夫子有云："吾十有五而志于学，三十而立，四十而不惑，五十而知天命，六十而耳顺，七十而从心所欲，不逾矩。"这里反映了人在不同年龄段的心态变化，人随着知识的积累，心态也在随之发生变化。青少年阶段，应该有崇高的理想，要立下远大志向，向着自己制定的目标发奋学习，要敢闯，敢做，敢拼搏，不要被环境所约束，要充满激情地去实现理想。人到中年后，如果还是少年或青年时的想法那就太幼稚了，应该完成了从"我想做什么"到"我能做什么"的转变。因为通过十几年的实践，应该找到适合自己发展的方向，并往这个方向努力，不能一直处于理想阶段。有些在机关单位的工作人员在办公室工作了一二十年后，再去经商，虽然有一定的人脉，但是真正成功的却很少，他们缺少商人长期在商海摸爬滚打的底蕴。长期的办公室工作，让他们的工作方法和思维形成了定势，很难改变。所以，人到中年时，要做好自己当前的工作，而不是好高骛远，朝三暮四，抱很多的幻想。到了老年，孔子讲要知天命，天命就是指自然规律，知道我们生命的价值和意义，这样，心态才会非常的平稳。我们要学会知子，"子"是自己的意思。我们到了五十多岁或是退休前，应该总结自己这辈子所做的事情，多关心下一代，把我们的位置、经验毫无保留地传承下去，让他们继续去奋斗，我们多做好扶持和培养工作，多考虑如何用文化去统领企业的发展，把企业做成一个百年老店。

百年老店是靠传承的，不是靠一个人做出来的，我认为到了五六十岁的年龄，要把我们的企业文化、管理制度、管理理念传承下去，才是最重要的。虽然五六十岁是人生经验最丰富的时候，有些单位、有些领导也想一直做到做不动为止。但我觉得，那样做不利于事业的发展，不利于个人的身体健康，对个人的形象也会产生负面的影响。

再说生活阅历不同，人的心态也不尽相同。社会上处于不同职业、不同岗位的人，会有不同的心态。生活在最基层的职工，他们的收入和待遇在企业改制后，与管理层的差距越来越大，心里会感到不舒服不平衡，甚至会有事没事地跟领导找茬，怎么去处理？我们要对他们动之以情，晓之以理，让他们认识这种不公平不是哪个个体造成的，而是社会体制的原因，并有着深刻的历史渊源。

　　我们在看社会是否公平的时候还要看历史，不能简单地用一杆秤去称，用一把尺去量。"天生我才必有用"，不公平是相对的，有时你确实是缺少机会，但你只要始终坚持，最终是会成功的。如果你以消极的心态，做出一些极端的事情，就会走上歧途，人生轨迹也会随之改变，最终落得声名狼藉的下场。

　　人们往往是在封闭的环境里，在想不开的时候走上歧路，这是心态管理非常重要的一个方面。那我们怎么对待周围的环境，怎么当好一名职工呢？俗话说："三百六十行，行行出状元。"我们不一定要争做管理人员、争做领导干部，因为那毕竟是少数。我们只要在自己所从事的工作中争做第一，一样能成就自己的事业。有人说，做学问，要耐得住寂寞和清贫，要有平和的心态。不要急于求成，更不要为名利所累。同样道理，我们干企业的，无论处于什么岗位，只要保持良好的心态，潜下心来做事，我们都会获得事业的成功，无愧于人生。

　　再说说管理人员的心态。有些分公司经理认为手下的人都是他带出来的，都是跟着他吃饭的，好像他是个救世主。有这种心态的人是不能做好事情的。"一个好汉三个帮，一个篱笆三个桩"，一个人的能力毕竟是有限的，要做成一番事业离不开别人的帮助。我们公司的发展靠的是一个团队。人类的发展也是在相互帮衬下才实现的。作为管理干部，我们要关心职工，真正地把他们当亲人来对待，尊重他们，关爱他们。我们有些职工虽然有些缺点，但是在你主动关心和帮助后，他们会很感动，心态也会发生很大的改变，有的同志甚至成了"东方勇士"，这些转变都是因为获得了尊重，有了人格的尊严。心态由消极向积极转变是件很了不起的事情，是要有一股强大力量作为支撑的。

　　那么如何才能管理好自己的心态呢？我认为，长期的心态控制靠的是正确的人生观和价值观，靠的是个人的道德修养。年龄不同心态不同，地位不同心态不同，身份不同心态不同，职业不同心态不同，就是同一个人在不同时候心态也会有所不同，要一直管理好自己的心态是件很难的事情。调整好一段时间的心态很容易，要调整好一辈子的心态很难，尤其是在感觉不公平而产生嫉妒的时候。这就必须具有高尚的道德修养，遇事能控制好自己的情绪，做好本职工作，我认为这样才算真正找到了心态调整的"金钥匙"。心态管理无处不在，无时不在，心态调整是持之以恒的事情，关系到人的道德修养。一个人如果在任何时候都能调整好自己的心态，摆正自己的位置，一定能成就大事业；斤斤计较，每天都觉得环境不好，周围的人对我不好，这样的人会很痛苦，也不可能成就事业。

当然，调整好心态不是叫大家去做一个庸俗、无为的人，我们在力所能及的范围内科学地调整好自己的心态，有利于我们更好地完成更多的事，只有拥有了好的心态才能做成大事，很多心怀宽阔的人，都是在不断地调整自己心态的情况下成长起来的。能成大事的人都有很好的心态，好的心态才能成大器。

资料链接

心态指的是人的心理状态，主要分为两种：一种是积极进取，一种是消极懈怠。积极进取的心态是一种良好的心态，表现出的是一种顽强的生命力，是一种蓬勃向上、健康的精神风貌；消极懈怠的心态是一种不良的心态，会表现出悲观、自满、脆弱、自暴、自弃等。

问：改革开放，犹如打开了一扇窗，新鲜空气进来，当然也难免会夹杂着一些汽车尾气，也会卷起室内的一些沉渣。这些让社会上充斥了一些乖戾之气、不平之气。它们多多少少也会反映到企业中来。您是如何让员工做到"心平气和"的？

答：小时候，农村的池塘里面养了几条鱼，如果哪个人捞了一条，大家都骂他，太黑。现在塘里成千上万条鱼，养鱼的说，你拿条去吃嘛。一样的道理，你先把大家都做富了，心气就平了，就不在乎你吃一条鱼了，他原先吃不饱饭的时候，你拿一条鱼，他当然要骂你。企业家要做到让大家气顺，首先就要把企业搞好，让员工生活富足。两千多年前，齐国的政治家管仲就说过"仓廪实而知礼节，衣食足而知荣辱"。另外企业家要有自己对这个社会的责任感。因为个人价值源于企业，企业价值源于社会。当企业发展到一定规模以后，它不再是属于一个人或者几个人的，而是属于大多数人的，属于社会的，这就是企业成功和企业财富的社会属性。社会风气不好，很多事情也与企业家的道德出了问题有关，比如有些企业坑蒙拐骗、假冒伪劣……社会要进步，企业家也担负着重要责任，他们也是社会风气的主要传播者和实践者。我小时候家里子女多，我排行老三，爸爸只给大哥做新衣服，老大穿过了给老二，老二穿过了给老三。所以我总穿旧衣服，鞋子轮到我底都磨平了，一跑就摔跤。小时候总感觉父母对我不公平，长大了才明白，这不是父母不公平，是没钱的缘故。只能穷事穷做，做一件衣服三个人穿。后来老大老二只读到初中，而我却读完了大学，这对老大老二来说也不公平啊。其实父母考虑的是合理性，老大穿新衣服合理，但不一定公平；老三上大学也合理，也不公平。孔夫子讲，"学而优则仕"，后面还有一句"仕而优则学"。前者是功利的东西，后者是一种个人修养，更要勇于承担社会责任。

问： 俗话说："习惯成自然。"自然的又似乎成了合理的。但是这貌似合理的又有很多不合情、不合法的。人们往往在这片安逸的丛林里迷失自己，做些得不偿失的傻事。

答： 这个话题涉及规范自我与自我合理化的问题。现在有很多很自然的东西都成为一种习惯，我们都感到是合理的。比如说，开车超速本来是一件不合法的事，自己却认为路这么宽阔，又没有人，为什么不能开快一点呢？但是要知道，时速的限制根据的是路面的普遍情况而不是特殊情况确定的，这时就需要根据规范约束自我，一旦放纵，早晚会车毁人亡。

公司有很多制度执行执行就没了，内部的很多管理，包括定额管理，每个月的定额考核到每个工人，要对哪些工作进行投标的评估，这些东西执行了一段时间就没了。怎么会没了，没人说得清。

其实是很多人视规范为洪水猛兽，想随心所欲地进行操作，不愿意在规范的约束下做事。为什么有人说中国人很难做出精品？这很大程度上是因为我们对规范的漠视，总想自我发展，自由主义太盛，这确实不是一件好事。我曾经讲过，作为一个员工，首先要对工作负责，产品的质量是人格的体现。如果对产品不负责任，就是对自己职业的不尊重，说到底是职业道德的一种丧失。

无论从事什么职业，哪怕只从事一天，也要认真把工作做好。不把工作做好，是对自己不负责任，也是对自己人格的不尊重。

文明就是尊重社会公共道德，尊重他人，做到这点就算是个文明人了。而在公共场合大声喧哗、随地吐痰、损坏公共设施，这些都是不文明的行为，都是不为别人着想的行为，也是一种自我合理化的行为。

自我合理化是犯罪的起点，是一个非常可怕的东西。行为学认为，犯罪有三大特点：一是有压力；二是有犯罪的机会；三是有自我合理化意识。这种自我合理化倾向在很多方面都有体现，自己在不知不觉中就被一些不好的习惯同化了。所以，要规范自己的言行，不断提高自己的修养，警惕自我合理化的倾向，防止自我合理化。

问：做一个大企业的老总，往往容易高高在上，习惯于被人仰视。平时也就几十个副手或中层能经常谋面。而基层的一般工人很难相见，一旦相见，那便是无"气"不登三宝殿。碰到这种场面，您是如何接待的呢？

答：你说的这种情况确实有。一般的工人没事是不会来找我的。基层工人想到办公室找我，一定是想了很长时间，下了很大的决心，而且认定这个事情除了老板谁都解决不了。如果你很不耐烦，把他赶出去，这个职工要么跟你大吵一架，要么忍辱含屈地走掉，从此再也看不上你这个混蛋老总。这些工人，他是怕你又不怕你，因为他离得你很远，利害关系都没管他的班组长大。我亲耳听到有人说，我找到谁谁谁，他对我不客气，我后来跟他拍桌子了。有的员工能跟老板吵一架，认为丢的是领导的面子，自己很了不起。我对前来找我的员工一定是客客气气，很热情地接待他，让座、倒茶，然后细听根源，弄清原委后，我先给一个原则，具体的事情我可能不会直接处理，但我会责成有关部门去处理。可帮可不帮的，我一定帮；可办不可办的，我一定按照高标准，这是解决问题的基本原则。我集体不侵占个人权利，在集体和个人之间，我肯定向个人倾斜，因为个人总是弱势一方，这是原则。如果我很明白的，我马上就签掉了，像家庭有困难，生活上有困难，因病致贫的，我马上签字。有的时候与政策不符合的，我看你生活这么困难，我个人给钱。我个人掏点，虽然不一定能救穷但也能救救急，最主要的是表达了我的态度，我是关心同情你的。这样做员工除了对我肃然起敬还会跟我吵架吗？所以没有人到我这里来无理取闹，绝对没有。员工来访，你是既要有"身份"，又要淡化你的"身份"，即你要站在一个领导者的角度去想问题，解决问题，而不是拿这个身份去压人。说淡化身份就是要放下身段，站在人格平等的高度与员工打交道。我跟一些中层领导讲，遇到这类情况不要总是桌子一拍。然后对方也对你拍桌子甚至摔杯子，你怎么办？你还在这儿生闷气呢，人家回去说什么？我们的头头向我发火，我也向他发火了，我把杯子摔到他桌上了。员工摔杯子摔桌上了，老板不丢死人了吗？所以说处理问题也要有艺术，你管的人，你好好管，不是你管的人，交下去。员工跟我提条件，我就告诉他：公司不会欺负任何人，然后告诉他随时可以找我；公司能办的，下面的人不办，我找他们算账；公司确实不能办的，也要他理解。这样就解决问题了。

问：有人说：工作中最令人憋屈的是"干的不如看的"，你在前方浴血奋战，偏有"小人"在背后使绊子、捅刀子。您在工作中肯定也碰到不少这样的"小人"，你怎样处理与这种"小人"的关系？

答：中国的小人古已有之，小人属于双重人格，阴一手，阳一手，人前一套，人后一套。小人重实惠，他们对有利的人和事与没利的人和事完全是两种态度。小人是内战内行，外战外行，属于依附型的人，缺乏独立人格。最可恨的小人是"人落井时他下石"。

生活中我们宁可得罪君子，而决不能得罪小人，能避则让，好鞋不踩臭狗屎；但在工作中，你要是一再地忍让，那就要坏大事了。我们能做的就是用事实反击，用结果反击，绝对不能让步，不能让小人把你击垮。

我在很年轻时就进入重要工程的核心部门，被提拔任用到重要岗位，很多人不服气。我又不懂世故，对看不惯的又说多了，人家就觉得不礼貌。那些人也有怨气，便以"他人之道"还治我们这些一心想干点事的小年轻之身。好在我业务上拿得出，做人又行得正，虽然与小人之为针锋相对，但目的不是中伤他们而是有效地保护好自己。我感觉老天对我很公平，我没在重大岗位上出问题，这是很庆幸的，年轻的时候就是在那个最艰苦的岗位上一点点爬上来的，而且每个岗位上都没出问题，这个就是运气了。

实际上我在西藏的经历，对我的人生历练大有收获！它提醒我要有很强的自我保护意识，我绝对不能给人捏住把柄，我不能把命运交到别人手里。后来作为老总，改制我能把握得这么好，就因为我能把持住自己。我经常说，领导和你好，但绝对不会包庇你犯法，过了这根线，所有的领导都保不住你。我平时做任何事都要掂量掂量，有没有踩底线、过红线。有时回头想想还真要谢谢出现在我生命中的这些小人，是他们让我时刻警醒。这个心态，是我现在总结出来的，可能当时还没有形成自觉意识，希望对年轻的同志有帮助。

问： 不少与您打交道的人觉得您做事很"执着"、很"果断"，有时还很"强势"，您真有这股子劲吗？

答： 这大概是由我身上那种与生俱来的认真、较真、不服输的品性衍生而来的吧。当年我年轻，年少得志，凭一腔热血做了那么多事，有人喜欢你，当然也有人看不惯你，因为你把他们的风头盖掉了，很多人比你年长，位置也比你高，他们都没有你做得好，当然要说这个年轻人太傲气，太牛。当时，很多人说我，这个家伙是比较霸道的，其实当年我在拉萨不能不"霸道"。你有那么多单位要去协调，那么多的工程要完成，你必须叫谁上就谁上，让谁停就谁停，你必须果断。你在这个位置上不强势，整个工程就乱套了。有时我不得不"霸道"，那时候我是被顶在枪口上，没有退路！

问：人到了一定年龄，思想达到一定境界，便会关心有关宗教的话题。有人说，宗教是人类精神最终的救赎。听说您对佛教颇有研究，对其教义也有相当的参悟。咱们再聊聊佛教的话题吧。

答：宗教自打人类走向文明就与人类生活如影随形。德国哲学家黑格尔说过："存在即合理。"意即任何存在的事物都有其存在的原因，存在的一切事物都有其存在的理由。无论哪一种宗教，无论它的信众是多是少，它必有自成体系的教义，其核心无非是"宽恕""赎罪""顺从""和平""慈善""舍得""轮回"等引人向好向善的元素。它能启人智慧，走出愚蒙，寄托精神。所以懂点宗教无论对人生还是对事业都是有益无害的。

我接触佛学，也就是近几年的事。但随着逐渐深入，越发觉得它的博大精深。读佛学首先要知道它根本的意义是什么？创始人是要研究什么样的精神？佛学里面从释迦牟尼开始对人生的理解和社会的认识，与他的人生的经历是密切相关的。佛学其实也是一门哲学，它讲了很多的道理，这些道理又是从人们的日常生活里面总结出来的。

比如怎么理解佛学的布施、积德，通过研习我才了解到布施有五种不同的层级，最低一等的布施就是食物的布施，财富的布施。人的基本生存，第一生存是需要吃穿住行，你所有生命的存在，需要物质的保障。别人在这些方面得不到保障了，你用余财施舍给别人，财是包括金钱包括食物包括帮他解决问题，这都是属于财施这个范畴，都是在物质层面。这是布施里面最低的一等，你虽然做了很多事给了很多很多的钱，哪怕将财富全部给人家，你得到的福报也是非常有限的，还不如你持经诵读那么几段，把一些戒律告诉人家。还有，建了很多很多寺庙，我就有很多福德吗？不是这样的。建寺庙可能一点福德都没有，因为你是为了达到某种目的而做的施舍。

第二个层面，叫无畏施。就是让人没有恐惧，没有危机感或者生活当中对自己的不确定感，就是给人无畏施，是精神层面的。给人提供生存必备的保障和安全感，这种施舍是从思想层面来讲的，念经，做好事，潜心修炼自己，不断地得到一些思想的升华，这就是无畏施。无畏施的福德报要高于财施。

第三个层面，叫智慧施。给人以智慧，给人生存的能力，授人以渔这样的施舍。实际上就是让人掌握科学知识、生存能力，学到更多的智慧和学识。与教书育人相通的，就包括做各种讲解、教育，这种福报要高许多。

第四个层面，叫禅施，那就是普度众生，让人跳出六世轮回以外，所有类别的东西都可以将它超度，智慧地度过一生。这个施舍是很高的。佛教里面最高层面的人如高僧才有可能进行这些禅施。

第五个层面，叫精进施。我对此的理解是，与时俱进，施舍到了顶，普度众生了，修身成了佛。一般成了佛就不修了，但精进施不是这样，想要达到更高境界还要继续修。精进施超出了世界范围和正常的人类范围。

按照施舍的五个层面来讲，实际上就是人的五种不同的追求，从财富的追求到生命安全的追求，到智慧的追求，到服务大众服务社会的追求，一步一步在提升。所以我这么读佛学对释道的理解就容易跟现实生活结合起来。一个落水濒死的人你给他 30 万有意义吗？你想施舍的话，首先得帮人家解决生命安全的问题。我们念经念佛都是求平安，多数人还在财施和无畏施之间徘徊。后面的智慧、禅、精进，只是少数大德高僧修行成佛的追求。

　　我曾问过高僧什么是佛？人家说的两句话很经典，佛，就是感悟了的人生。如果你能感悟到，自然成佛。那么什么是人？就是未感悟的佛。因为你没有进入那个境界，永远跟你说不明白。道理很简单，比如一个蝌蚪，它生活在水中，它知道的世界是鱼啊水草啊，它的世界就是水下的世界，你跟它讲水下，它什么都懂。你告诉它上面有大山、大树，上面还有大石头，你跟蝌蚪说得清楚吗？它没看到过。但是当它变成青蛙，上了陆地它就知道了，原来还有另外一个世界。所以禅学很有意思的，是悟出来的，是教不出来的，可能看到某种现象一下子悟出来了，所谓立地成佛。我们的语言都是通过体验才能表达的，比如说一个盲人，他从小就是盲人，没有看到色彩。红色，谁有能耐跟他把红色说明白？说像太阳一样红，他没见过太阳；像玫瑰花一样红，他没见过玫瑰花；你说像杜鹃花一样漂亮，他没见过杜鹃花。他永远听不懂，因为他没见过。换言之，语言是通过自己的体验，自己的感受而来的。语言的表达是要通过自身的感受、体验，才能交流形成沟通的语言。所以佛教就把这个引用到释道里去了。佛经念懂了就成了佛，没有念懂就成不了佛，小和尚念经有口无心，所以他永远只能是小和尚。

　　佛家经典的境界很高。佛教里面讲"空"：你看到的有真相，有虚相，有妄相等都是"空"。佛教这样解释"空"：你看到的所有东西，存在都是有缘的存在。桌子存在，是因为有木材，木工把它做出来，是因为有阳光、土地、水分。但它不是永恒的，它是后天的存在，是有缘的存在。作为一个人，有父亲母亲才有你。这桌子本来是没有的，是做出来的。永恒的东西只有宇宙里那些原始的东西。你看到的任何东西，都是后天某种原因出现的。所以，所有的东西都是有缘的存在。

第二层意思是所有的存在都是瞬间的存在。比如今天的我，跟你交流了半天，今天跟你交流的我，和昨天跟你交流的我，不是一个我，为什么？因为我已经变化了很多。人肯定有很多新的细胞产生了，有很多老化的细胞代谢了，我有很多的思想发生变化了，昨天的我和今天的我不是一个人。这个好理解，桌面放在这儿，好像没变，桌子还是那个桌子。其实有看不见的空气在风化桌子，桌子木头里的水分也随着湿度在变化，说不定还有虫在咬桌子腿儿呢，所以此桌子已非彼桌子了。你看到的山，看到的水，看到的树，你看到世间所有的东西都在不断地变化，都是瞬间的存在。从这两个意义上来讲，所有世界的存在本无，是有缘的存在，是瞬间的存在。

这样说来，昨天做的好事，今天就要回报，这是不应该的。因为昨天的你和今天的你已经不是同一个你。在庙里烧几炷香，往功德箱里扔几个钱就想保佑你和家人无灾无忧，也是不可能的。因为烧香扔钱时的你，不是离开庙宇之后的你。你的家人当然也不是那时的家人，神佛又能保佑谁呢？所以这个存在这样理解的话，就叫空。什么四大皆空，五蕴皆空，什么存在都是虚幻的，其实2500年前释迦牟尼就想得很明白，也解释得很清楚。

所以，修禅也好，读经也罢，还是要回归到生活当中。在生活当中体验，在人生追求里面去领悟。能到了这个境界，自己做事就有意思了。你天天念个《金刚经》《心经》《六祖坛经》，不结合实际理解，你永远不知道它叫你往哪个方向去，就是天天把佛经念得滚瓜烂熟又有什么用呢？其实读懂经文，就是要让佛告诉你往哪个方向去，这个世界是什么样子的。该如何去面对，该如何去与人相处，该如何去做正确的事。天天给人家送东西，你也只是解决了一个人的生存问题，没有多少意义。你给以人智慧了吗？能渡他进入佛界吗？能做到这个层级事儿吗？这些理论只是建立在对人的一种引导上，他要达到一个目的——从善。要大量的为社会做事情，为别人做点事情，这才是佛的真正的宗旨，也是我们学佛向佛礼佛的意义。

至于人们都在追求死后会去哪里，下辈子是不是还要在这个世界上受苦，未来的世界是个什么样？佛告诉你要等你积聚到足够多的福报，能跳出六界，成了佛，你就不会痛苦了，那就是解脱。对这样的"轮回说"，我是这样看的，人到了一定年纪总会离开这个世界，就会考虑这样的问题。因为人都是要死的，死了以后到哪里去了？所有人都会想，再伟大的人也逃不出这死亡的规律。人死后能不能复生，能不能再活第二生？这一切又没有谁能体验一下，死去后再回来告诉你那边是怎么回事。这时候宗教就来告诉你，引导你。无神论者认为这是一种迷信，一种伪科学。其实，人老了，即将离开人世的时候，想找到一种心理的安慰，找到一种对未知恐惧的解脱，宗教就在这个时候帮你解决面临死亡的恐惧感、无助感，让人能够比较安详地走完最后一程。这就是宗教的实用性。年轻的时候没感觉，到了自己真的行将就木的时候一定会想要得到这种实实在在的安慰。这让我想起了共产主义，如果你的初心坚定，信仰坚守，你一样能坦坦荡荡、无所畏惧地去为它奋斗终生，哪怕牺牲自己的生命，无数的革命先烈用鲜血和生命作了证明。

最近朋友给了我佛教里面的七宝之一——砗磲。单贝壳就有256公斤。现在砗磲活体在海里已经找不到了，全是像化石类的，贝壳类的东西。在家里摆放了一段时间后，我有了个想法。既然它是佛教七宝之一，我就请扬州两个玉雕的大师给砗磲的两边设计一下，一边刻完整的《心经》。《心经》是佛教里面集大成者，你别看它只有 260 字，却把佛教经典的问题全部集中在里面，不断地读《心经》会有些感悟，但是这些感悟需要其他经来支撑，你不读其他经，很难理解《心经》。砗磲的另外一面，我想刻一个佛教故事。那两个大师非常感兴趣，说创意非常好。砗磲往那边一摆没有任何意义，加上了佛教文化，它的价值就会倍增。再加上由最有名的、字写得最好的、刻佛教人物像做得最好的两个国家级大师来操刀，一定能把它变成一个作品，赋予了文化才会有价值，才能传承。我就把砗磲里面加了佛教的东西，形成一个真正的文物——文化加物，那叫文物。

虽然我研究佛教不多，但是看了以后有一些感悟，我认为学习佛教也应取其精华去其糟粕，不可痴迷于一些低水平仪式化的佛教内容，应该对那些有益于让自己思想升华、积极入世追求上进的内容作一些研究。

问：无论多么好的角色，都难违背生命周期的自然规律。现在您也年近花甲了，有何想法呢？

答： 我今年虚龄 60 岁，是到了该总结自己的时候了。还像二十多岁时那样去猛闯是不现实的。年纪大了以后，精力体力都会下降，这是无法抗拒的自然规律。人老了并不可怕，可怕的是心也老了。怎么来弥补我们体力的下降，体能的下降？靠智慧。体能虽下降了，可是你的智慧你的阅历，看待问题的能力在不断提高，仍然不会被时代淘汰。最怕的是年纪大了，体能下降了，又天天不学不上进，那你很快会被时代淘汰，成为一个时代的"边缘人"。这是很可悲的。

那么越是老了越要加强学习，学些什么呢？我说要多读点儿史书。为什么呢？中国有 5000 年的文明史，历史典故数之不尽。一个人的生命长度有限，但是生命的厚度是可以增加的。当然你不可能 5000 年都体验到，但是通过学习可以知道这 5000 年来前人都做过什么事儿，吸取前人的教训，掌握前人的一些经验、智慧。

另外还是要学点经济和数学，学这些能让人思维比较缜密。还可以读点儿诗词。懂点儿诗词歌赋，你的语言就会优美一点，生动一点。有点古诗词的底蕴，有点现代文学底蕴，那肯定是个好事儿。

当然，人的最终一定会回到哲学上去。开始关心生命终究是什么，起源是什么。现在的年龄读书记忆可能没有原来好，但多读几遍就会集腋成裘，慢慢累积，积淀成心中所有了。